技工院校一体化课程教学改革汽车维修专业教材

汽车发动机故障诊断与排除

人力资源和社会保障部教材办公室组织编写

中国劳动社会保障出版社

内容简介

本书主要内容包括：发动机不能起动故障诊断与排除、发动机怠速抖动故障诊断与排除、发动机加速不良故障诊断与排除、发动机故障灯亮故障诊断与排除、发动机水温高故障诊断与排除、发动机机油灯亮故障诊断与排除等。

图书在版编目(CIP)数据

汽车发动机故障诊断与排除/人力资源和社会保障部教材办公室组织编写. —北京：中国劳动社会保障出版社，2014

技工院校一体化课程教学改革汽车维修专业教材

ISBN 978－7－5167－1458－4

Ⅰ.①汽… Ⅱ.①人… Ⅲ.①汽车-发动机-故障诊断-技工学校-教材②汽车-发动机-故障修复-技工学校-教材 Ⅳ.①U472.43

中国版本图书馆 CIP 数据核字(2014)第 207839 号

中国劳动社会保障出版社出版发行

（北京市惠新东街 1 号　邮政编码：100029）

*

北京市艺辉印刷有限公司印刷装订　　新华书店经销

787 毫米×1092 毫米　16 开本　15 印张　270 千字

2014 年 9 月第 1 版　　2026 年 1 月第 13 次印刷

定价：30.00 元

营销中心电话：400-606-6496

出版社网址：http://www.class.com.cn

http://jg.class.com.cn

技工院校一体化课程教学改革教材编委会名单

编审人员

主　编：金君堂

参　编：苏　州　王　建　王正旭　籍银香　郭燕青　李景芝

主　审：陈金伟

顾　问：朱永亮　张利芳　张晓梅

■ 序

人才是我国经济社会发展的第一资源，技能人才是人才队伍的重要组成部分。党中央、国务院高度重视技能人才队伍建设工作，2009 年 12 月，胡锦涛总书记在视察珠海市高级技工学校时指出："没有一流的技工，就没有一流的产品"、"技能型人才在推进自主创新方面具有不可替代的重要作用"。技工院校是系统培养技能人才的重要基地。多年来，技工院校始终紧紧围绕国家经济发展和劳动者就业，以满足经济发展和企业对技术工人的需求为办学宗旨，形成了鲜明的办学特色，为国家培养了大批生产一线技能劳动者和后备高技能人才。

当前，我国处于全面建设小康社会的关键时期，随着加快转变经济发展方式、推进经济结构调整以及大力发展高端制造产业等新兴战略性产业，迫切需要加快培养一大批具有精湛技能和高超技艺的技能人才。为了遵循技能人才成长规律，切实提高培养质量，进一步发挥技工院校在技能人才培养中的基础作用，从 2009 年开始，我部借鉴国内外职业教育先进经验，在全国 17 个省（区、市）的 30 所技工院校启动了一体化课程教学改革试点工作，推进以职业活动为导向，以校企合作为基础，以综合职业能力培养为核心，理论教学与技能操作融合贯通的一体化课程教学改革。这项改革试点将传统的以学历为基础的职业教育转变为以职业技能为基础的职业能力教育，促进了职业教育从知识教育向能力培养转变，努力实现"教、学、做"融为一体，收到了积极成效。改革试点得到了学校师生的充分认可，普遍反映一体化课程教学改革是技工院校一次"教学革命"，学生的学习热情、教学组织形式、教学手段和学生的综合素质都发生了根本性变化。试点的成果表明，一体化课程教学改革是转变技能人才培养模式的重要抓手，是推动技工院校改革发展的重要举措，也是人力资源社会保障部门加强技工教育和在职业培训工作的一个重点项目。

教学改革的成果最终要以教材为载体进行体现和传播。根据我部推进一体化课程教学改革的要求，一体化课程改革专家、几百位试点院校的骨干教师以及中国人力资源和社会保障出版集团的编辑团队，用了三年多的时间，组织实施了一体化课程教学改革试点，并将试点中形成的课程成果进行了整理、提炼，汇编成“活页”教材。这套教材不仅在形式上打破了传统教材的编写模式，而且在内容上突破了传统教材的结构体例，在国内职业教育培训教材领域中均属首创。这套教材及配套资料的出版，不仅是本次一体化课程教学改革试点工作的阶段性总结，也是一体化课程教学改革不断深化和全面推广的一个起点。希望全国技工院校将一体化课程教学改革作为创新人才培养模式、提高人才培养质量的重要抓手，进一步推动教学改革，促进内涵发展，提升办学质量，为加快培养合格的技能人才作出新的更大贡献！

人力资源和社会保障部副部长

王晓初

二〇一二年八月

活页式教材使用说明

◆页码编排方式

为了更加方便地在教材中增删和替换内容，页码采用“学习任务编号 - 学习活动编号 - 页码号”三级编排形式，如“3-2-4”表示“学习任务三”的“学习活动 2”的第 4 页。

◆过程评价表使用方法

教材中设计了“自评表”、“互评表”、“教师总评表”、“综合评价表”等评价表格，表头上有“班级”、“姓名”、“学号”等信息栏，从活页教材中取出评价表填写后可以单独提交。

◆教材内容更新方法

中国人力资源和社会保障出版集团将根据一体化课程教学改革的推进以及科学技术的发展和不同地域的需要，不断补充和更新教材中的学习任务和学习活动，学校可以从“一体化课程教学改革教学资源网（http：//zyjy.class.com.cn）”下载（需在网站注册）。通过网站还可以了解到更多的一体化课程教学改革信息和下载相关资源。

◆便携式活页夹和 PVC 保护板使用方法

使用教材中附赠的便携式活页夹，可以灵活方便地将教材中部分内容携带至一体化教学场地。教材内附的整张 PVC 保护板可以作为学习记录垫板使用。

◆参考用书选用方法

在学习过程中，学生需要查阅大量参考资料，下表为中国人力资源和社会保障出版集团出版的适宜本专业一体化教学使用的参考书目录。

汽车维修专业一体化教学参考书目录（高级阶段）

序号	书号	书名
1	978-7-5167-1373-0	汽车文化
2	978-7-5045-7515-9	汽车机械制图
3	978-7-5045-6435-1	汽车机械基础
4	978-7-5045-8217-1	汽车电工电子技术基础
5	978-7-5045-6281-4	汽车材料
6	978-7-5045-6944-8	汽车概论
7	978-7-5045-6725-3	汽车发动机构造与维修
8	978-7-5045-6833-5	汽车底盘构造与维修
9	978-7-5045-7023-9	汽车电气构造与维修
10	978-7-5045-6507-5	汽车空调构造与维修
11	978-7-5045-7090-1	汽车故障检测与诊断
12	978-7-5045-6795-6	汽车使用性能与检测
13	978-7-5167-1375-4	汽车发动机电控技术
14	978-7-5045-6855-7	汽车底盘电控技术
15	978-7-5045-6535-8	汽车车身电控技术

目　　录

学习任务一　发动机不能起动故障诊断与排除

学习目标

1. 能根据故障现象进行故障分析，判断发动机不能起动的故障点。
2. 能查阅相关资料，制订故障诊断流程。
3. 能利用检测设备规范地检测和排除故障。
4. 能对检测数据进行记录、分析、判断，并最终排除故障。
5. 能进行团队成员的有效沟通与协同作业。
6. 能根据5S管理规定进行现场操作。

建议学时

60学时

工作情境描述

一辆帕萨特2.0轿车被拖到维修站，驾驶员反映该车发动机不能起动，要求维修站对故障进行诊断与排除。经维修技师检查发现，发动机故障指示灯亮。现需要对相关部件进行检查，根据维修手册要求，在规定时间（参照维修资料）内完成汽车发动机故障诊断与排除，完成后交付班组长验收。

工作流程与活动

学习活动1　任务分析及检查

学习活动2　维修方案制订

学习活动3　故障诊断与排除

学习活动4　竣工检验与评价

学习活动 1　任务分析及检查

学习目标

1. 能模拟客服人员接车，并填写接车单。

2. 能对发动机不能起动故障进行初步分析，确定故障点。

3. 能做好故障检查前的准备工作，并对发动机起动系统进行基本检查。

建议学时：6 学时

学习过程

一、填写车辆基本信息

模拟客服人员接车，并填写接车单。

××汽车维修服务有限公司接车单

<table>
<tr><td>客户姓名</td><td></td><td>联系地址</td><td colspan="3"></td></tr>
<tr><td>客户联系电话</td><td></td><td>车牌号</td><td></td><td>接车日期</td><td></td></tr>
<tr><td>车型</td><td></td><td>车辆 VIN 码</td><td colspan="3"></td></tr>
<tr><td>里程数</td><td></td><td>发动机型号</td><td colspan="3"></td></tr>
<tr><td>用户描述的故障现象</td><td colspan="5"></td></tr>
<tr><td>服务顾问诊断得出初步意见</td><td colspan="5"></td></tr>
</table>

续表

<table>
<tr><td>服务顾问
的建议</td><td colspan="3"></td></tr>
<tr><td colspan="2">功能确认：（正常√　不正常×）
□音响系统　□点烟器
□中央门锁　□后视镜
□天窗　□四门玻璃升降</td><td colspan="2">外观确认：
（如有损伤，在相应部位作标记）</td></tr>
<tr><td colspan="2">油量确认：
F
E</td><td colspan="2">物品确认：（有√　无×）
□随车工具　□千斤顶
□贵重物品已提醒用户带离车辆
□备胎　□灭火器
□其他（　　　　　　）</td></tr>
<tr><td>服务顾问提醒</td><td colspan="3">①本次检查出的故障如在本站维修，检查工费不另收取；如不在本站维修，则检查工费应由用户支付，本次检查工费为：¥______元。
②维修旧件处理：□用户要求带走　□用户选择不带。
③本站已提醒用户将车内贵重物品带离车辆并妥善保管，如有丢失恕与本站无关。</td></tr>
<tr><td>服务顾问</td><td></td><td>用户确认</td><td></td></tr>
</table>

二、故障分析

1. 写出发动机起动前安全检查的主要内容（如油水电检查、挡块检查、手刹检查等）。

2. 查阅相关资料，列举发动机不能起动的常见故障现象，并简要分析故障原因。

故障现象	故障原因
发动机不转	
起动无力	
无任何着车征兆	
发动机有着车征兆	

三、基本检查

1. 写出下图所示各种保护装置的名称、功用及铺设位置，并练习铺上各种保护装置。

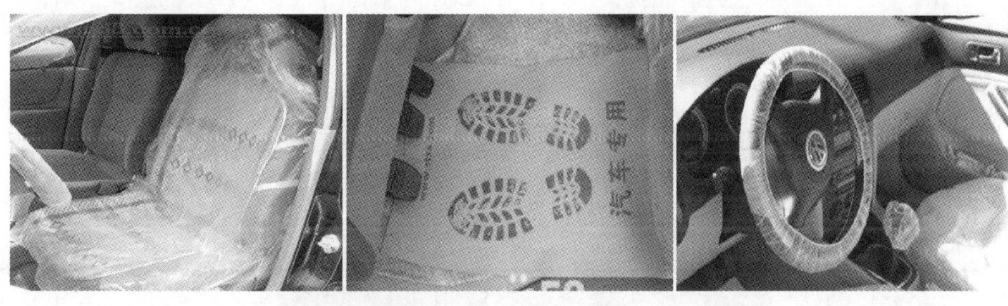

2．作为维修人员，了解车辆故障情况后，要对发动机不能起动故障进行必要的基本检查，了解车况，做到维修前心中有数。按照下表所列检查内容进行基本检查，将检查结果和结果分析填写在下表中。

序号	检查内容	检查结果	结果分析
1	蓄电池电压检查		
2	润滑油、冷却液检查		
3	曲轴位置传感器连接检查		
4	凸轮轴位置传感器连接检查		
5	喷油器插头检查		
6	起动机连接检查		
7	点火系统连接检查		
8	发动机舱线束插头检查		

3．填写派工作业单。

派工作业单

客户名：　　委托书号：

地址：　　送修时间：

电话：　　手机：　　约定交车时间：

联系人：　　邮编：　　修理类型：

车牌号	收音机密码	发动机号	底盘号	行驶里程	购车日期	车型	付款方式

续表

修理工位	修理项目	性质	工时	工时费	起止时间	主修人

1. 随车贵重物品请客户自行保管，如有遗失，站方不承担任何责任。
2. 修理工料费按实际发生额结算。
3. 用户凭此委托书提车，请妥善保管。

检验员：　　服务顾问：　　接待员：　　用户签字：

地址：

电话：　　邮编：

四、成果展示

1. 各小组就车指出曲轴位置传感器、凸轮轴位置传感器等的位置。

2. 上网下载一张帕萨特车型起动系统控制电路图，并向其他组员分析展示。

学习活动 2 维修方案制订

学习目标

1. 能掌握与发动机不能起动故障相关的发动机基本知识，如燃油系统、点火系统、曲轴/凸轮轴位置传感器等。

2. 能制订发动机不能起动故障的检测与维修方案。

3. 能在作业过程中自我检查贯彻的情况，做好过程记录。

建议学时：24 学时

学习过程

一、发动机不能起动故障分析

1. 查阅相关资料并对照下图，写出发动机能够正常起动的几大要素。

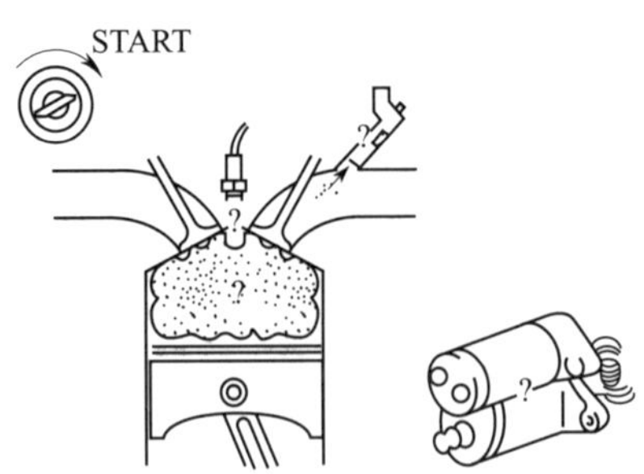

2. 燃油系统基本知识。

（1）根据下图，填写燃油系统各零部件的名称及作用。

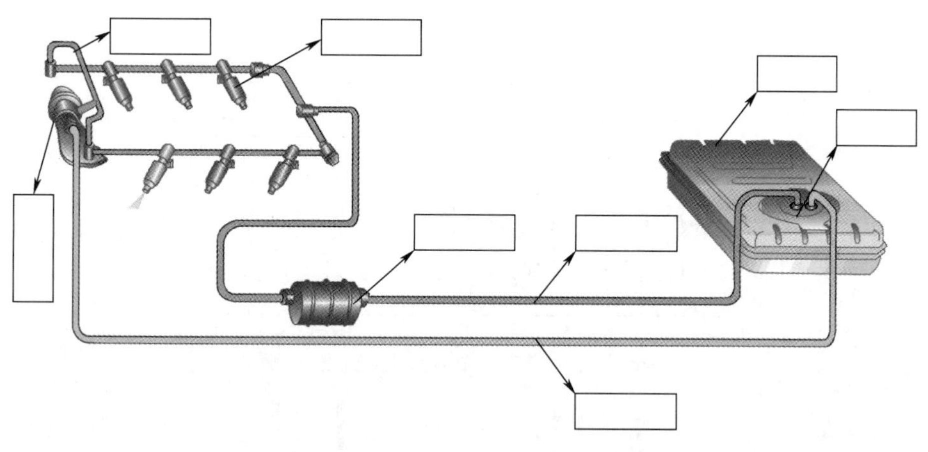

零部件名称	作用
燃油箱	
燃油泵	
燃油滤清器	
进油管	
回油管	
燃油分配管	
燃油压力调节器	
喷油器	

（2）根据上图，描绘燃油的流动路线。

（3）汽油燃油泵的控制线路。

1）根据下图所示的燃油泵控制原理图，说明标号 1～6 的含义，并用红笔描绘出燃油泵工作时的电流方向。

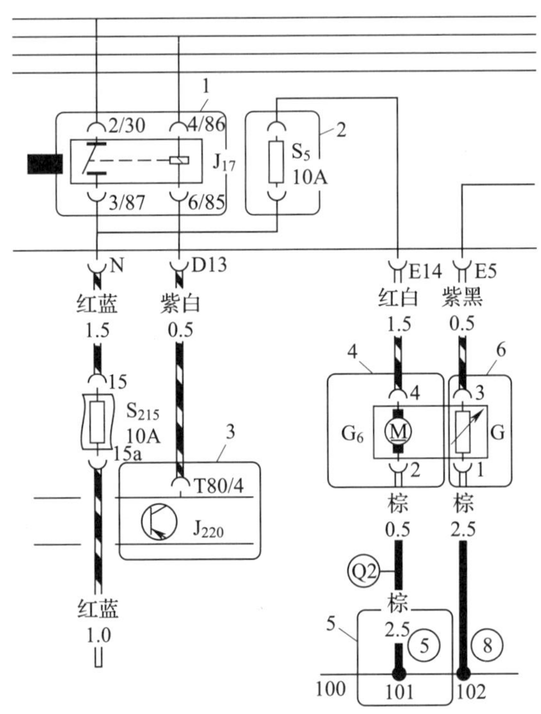

燃油泵控制线路图

标号	含　义
1	
2	
3	
4	
5	
6	

2）分析下图所示燃油泵电路图，用红笔描绘出燃油泵工作时的电流方向。

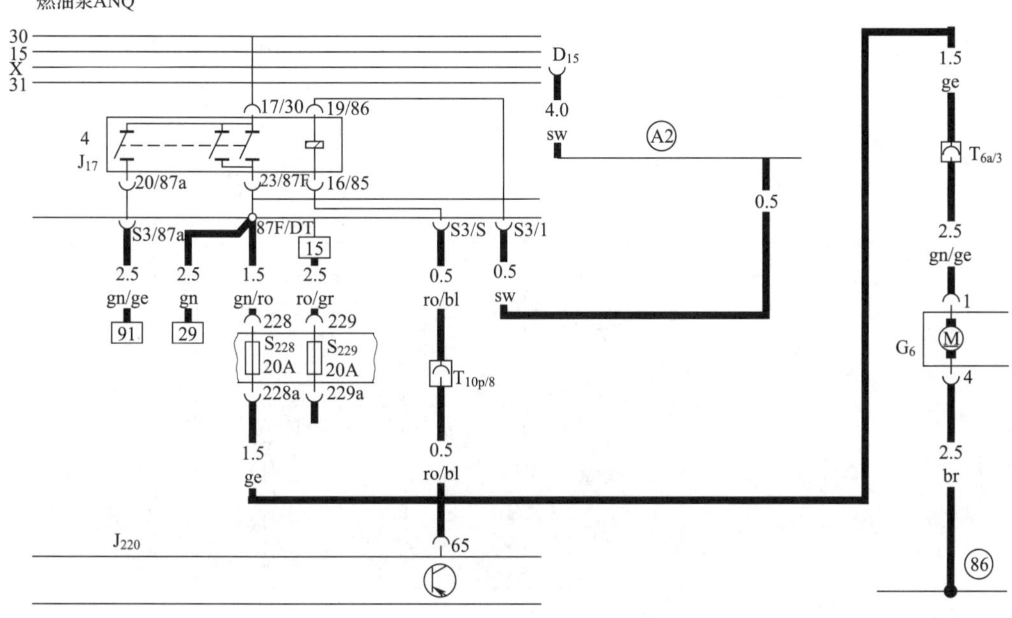

燃油泵电路图

（4）就车检查电动燃油泵是否工作。

1）打开油箱盖，然后打开点火开关（不要起动发动机），在油箱口处仔细倾听有无电动汽油泵运转的声音（有□　无□）。如能听到，电动汽油泵运转____ s 后又停止。

2）打开点火开关，在发动机上方仔细倾听有无"嘶嘶"的燃油流动声（有□　无□），也可用手检查进油软管有无脉动压力（有□　无□）。若有则电动汽油泵运转____ s 后又停止。

3）检查电动汽油泵工作是否正常？（正常□　不正常□）。

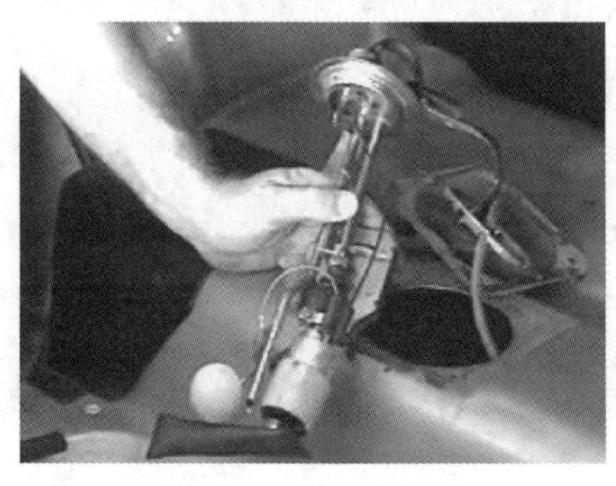
电动燃油泵的安装位置

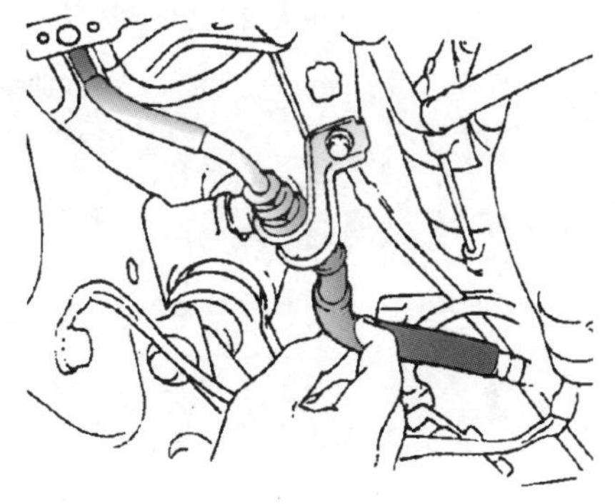
电动燃油泵的检查

（5）电动燃油泵的控制。

ECU 控制的燃油泵控制电路主要应用在装有 D 型 EFI 和装有热膜（丝）式和卡门旋涡式空气流量计的 L 型 EFI 系统中。

控制原理：下图所示为大众车型燃油泵控制电路图，查阅资料并拆画出单一电路图，写出控制原理。

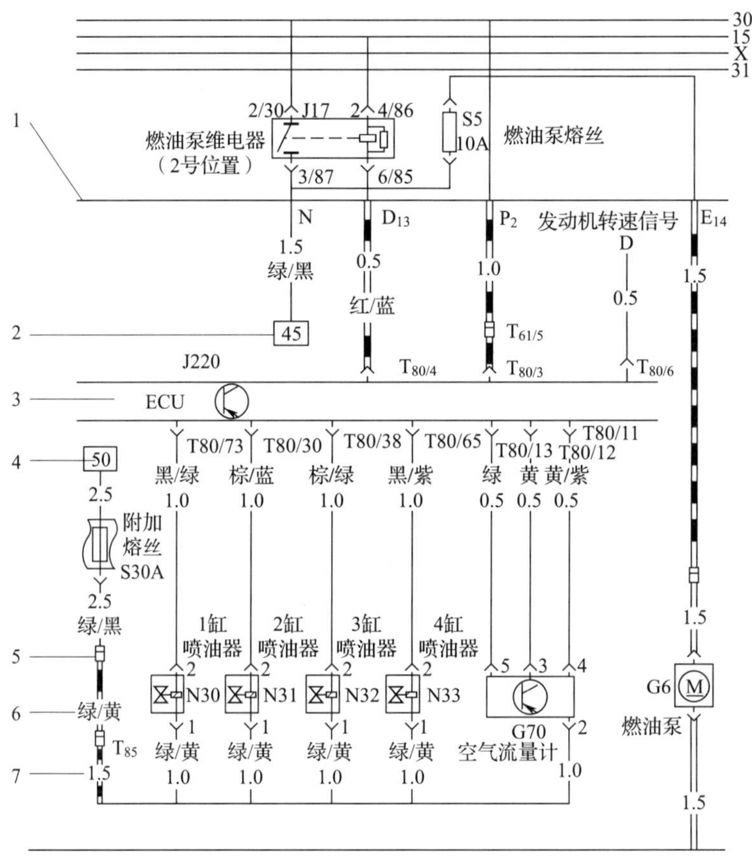

1—中央接线盒位置编号　2、4—接线地址码　3—ECU　5—插接器

6—线的颜色　7—线的截面积

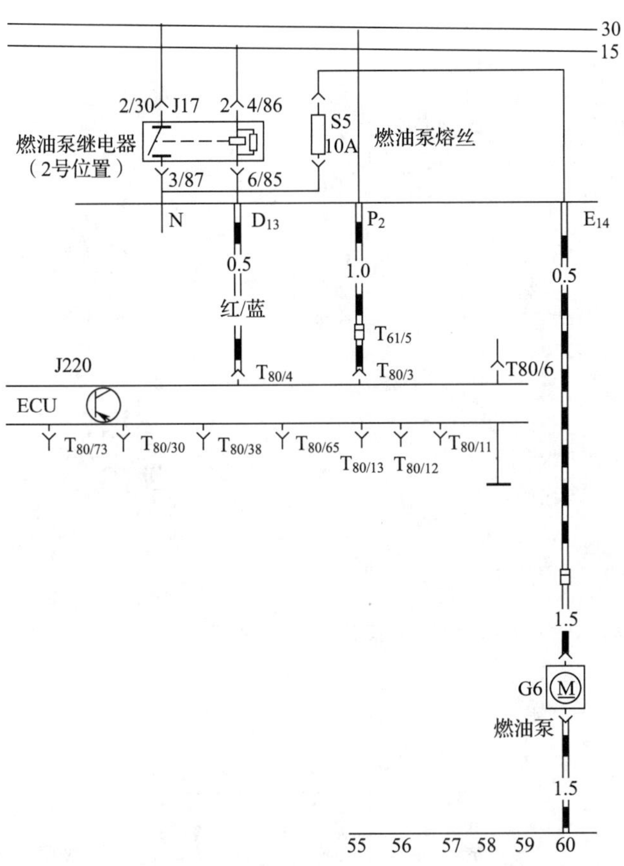

大众车型燃油泵控制电路图

燃油泵电路：电脑检测到发动机工作信号后，电脑发出指令使 T80/4 端子接地，继电器 J17 电磁线圈有电，电流为：

电源线“15”→继电器 J17→4/86 电磁线圈→6/85→T80/4→中央配电盒 D_{13}→电脑→接地→电源“—”。

线圈有电便产生______，产生电磁______，继电器触点______。

触点闭合后：电源线“30”→__________→燃油泵熔丝 S5→______→__________→接地→电源“—”。

（6）根据下图所示喷油器结构图，写出其各组成部件的名称。

1—____________________　2—____________________

3—____________________　4—____________________

5—____________________　6—____________________

7—____________________

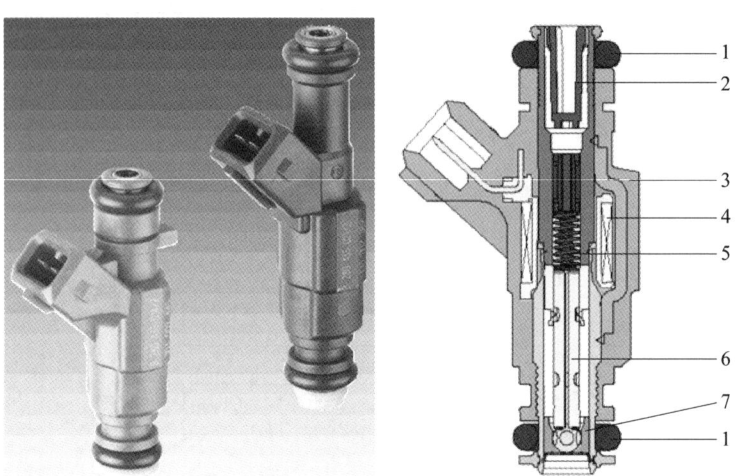

喷油器结构图

(7) 结合下图所示喷油器电路图，描述喷油器的工作原理。

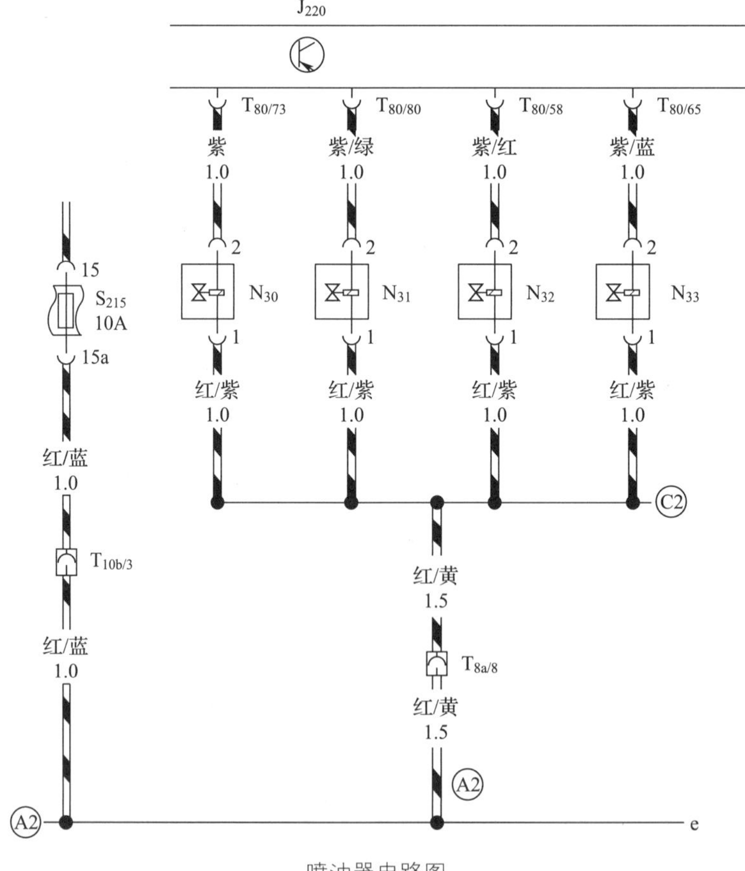

喷油器电路图

（8）喷油量的控制。

喷油量的控制是通过控制喷油器电磁线圈的______时间（喷油脉宽）长短来实现的。

D 型根据发动机________信号和________信号确定基本喷油时间。

L 型根据发动机________信号和________信号确定基本喷油时间。

同时，还必须根据各种传感器输送来的运行工况信息，对基本喷油量时间进行修正。

1）基本喷油量。基本喷油量是在标准大气状态（温度为 20℃，大气压力为 101 kPa）下，根据发动机每个工作循环的__________量、发动机__________和设定的空燃比确定的。

2）喷油修正量。当发动机实际运行条件改变时，应对基本喷油量进行适当修正，以保证发动机正常运行。一般主要考虑进气温度、大气压力、蓄电池电压以及氧传感器反馈修正等因素。在下图中填写相关元器件的名称。

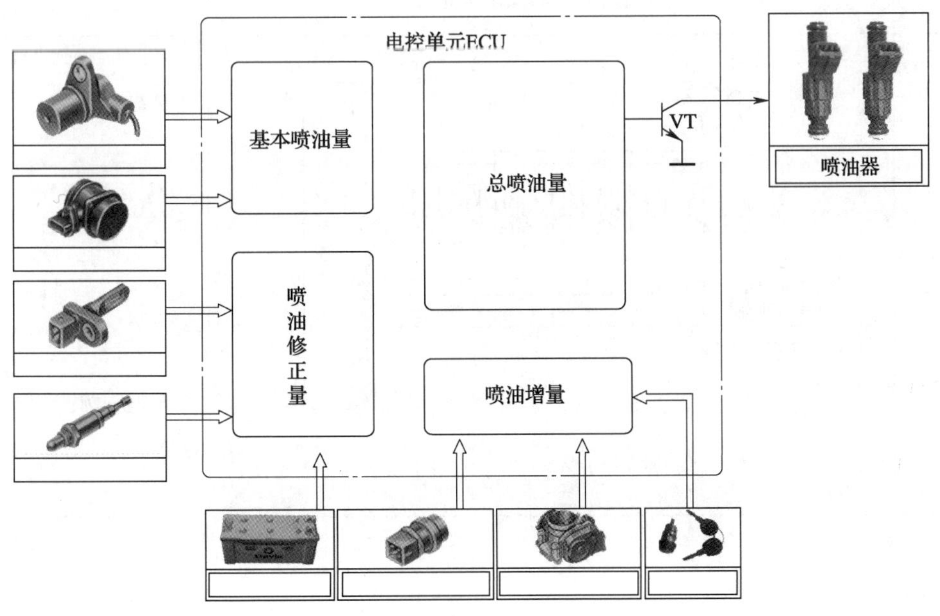

喷油量的控制

（9）根据下表所示喷油器的喷射方式，写出每种方式的优缺点，并进行车型举例。

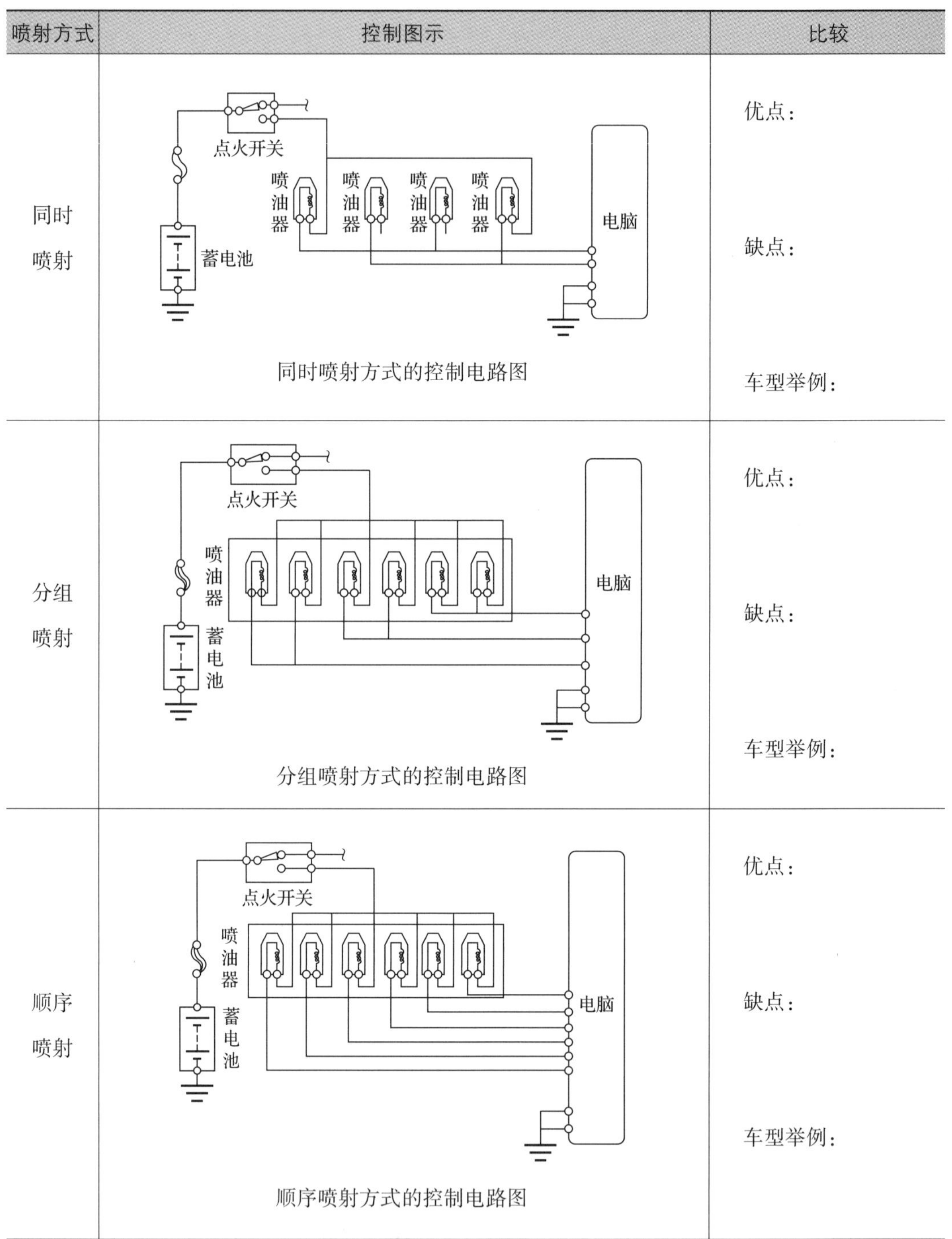

喷射方式	控制图示	比较
同时喷射	同时喷射方式的控制电路图	优点： 缺点： 车型举例：
分组喷射	分组喷射方式的控制电路图	优点： 缺点： 车型举例：
顺序喷射	顺序喷射方式的控制电路图	优点： 缺点： 车型举例：

（10）喷油器电压测试。

1）关闭点火开关，拔下喷油器插头。

2）选择万用表电压挡，检查喷油器插口 1#与地之间，红表棒接______，黑表棒接______，点火开关打开时应为__________。

3）将一个二极管接在两插口上，闭合点火开关，起动发动机，二极管应______，否则应检修从喷油器到继电器的线路或更换发动机电脑。

喷油器电压测试

（11）燃油系统对发动机性能的影响。

1）燃油供给系统的主要故障有燃油油压过低或过高、喷油器漏油、堵塞或雾化不良等，写出以上故障对车辆运转的影响。

故障现象	对车辆的影响
燃油压力过低	
燃油压力过高	
喷油器漏油	
喷油器不喷油	
喷油器雾化不良	
喷油器喷油量偏少	

2）利用所学知识，写出燃油泵止回阀泄漏而导致无残余压力，从而使车辆在高温下出现气阻，导致车辆无法起动的原因。

3）某车停放一晚后，早上出现起动困难的现象，需要起动 6 ~ 7 次，发动机才能起动，经检查发现燃油泵止回阀泄漏。查阅相关资料，说明为什么止回阀泄漏会导致该故障？

3. 点火系统基本知识。

（1）对照下图，说明点火系统的类型。

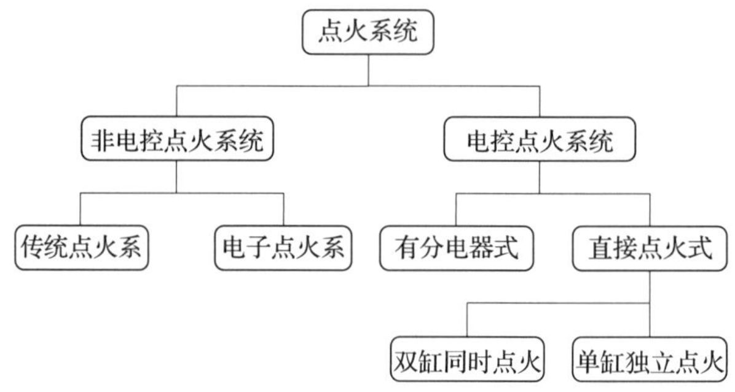

根据实际情况，说出实训车辆上采用的点火系统类型及其组成。

（2）点火控制类型。

1）对照下图，描述双缸同时点火系统的工作原理。

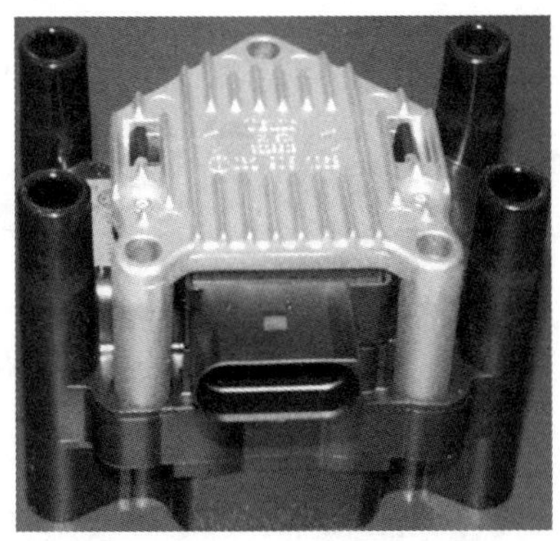

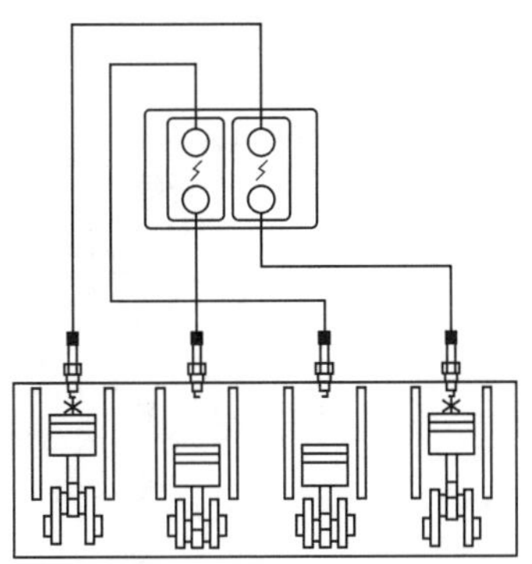

2）对照下图，描绘出双缸同时点火系统高、低压电路的电流方向。

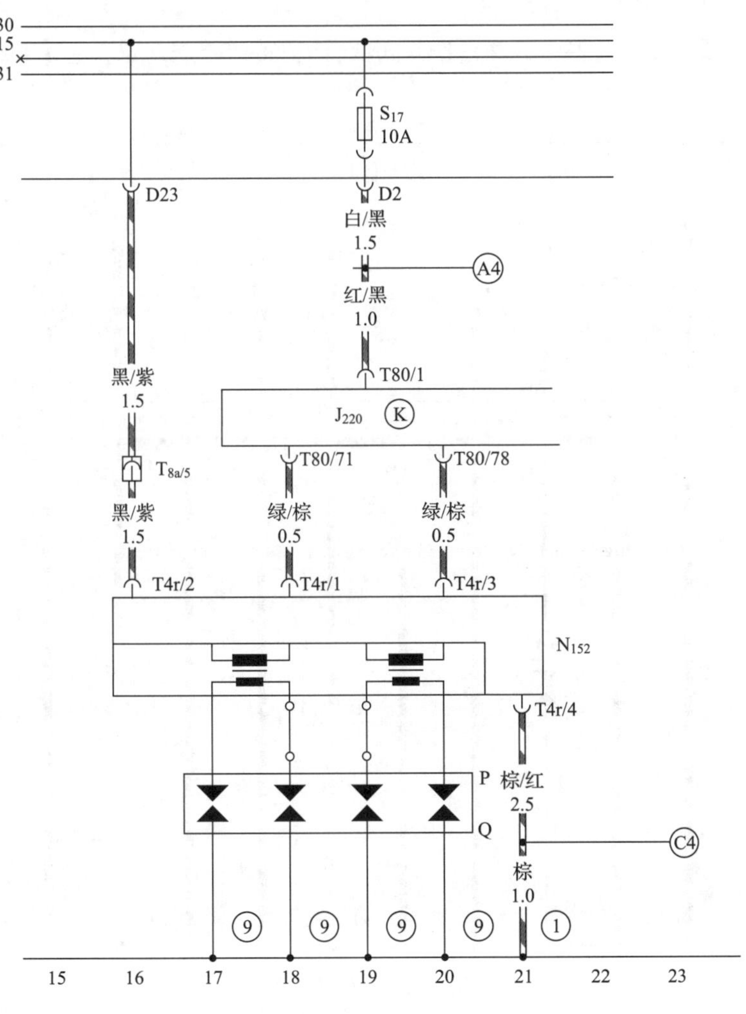

双缸同时点火系统电路图

3）对照下图，写出独立点火系统的工作原理。

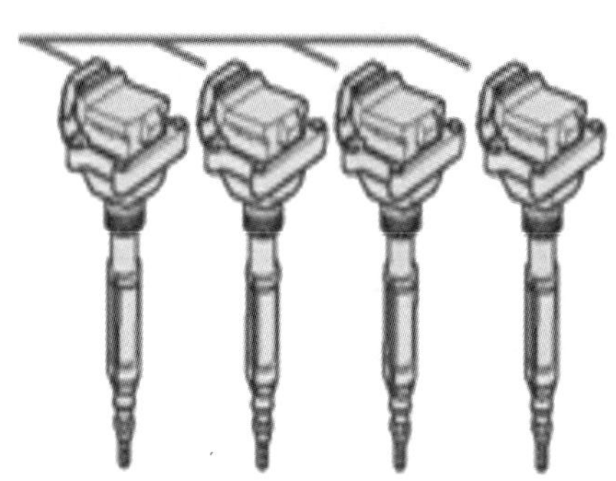

4）对照下图，描绘出独立点火系统高、低压电路的电流方向。

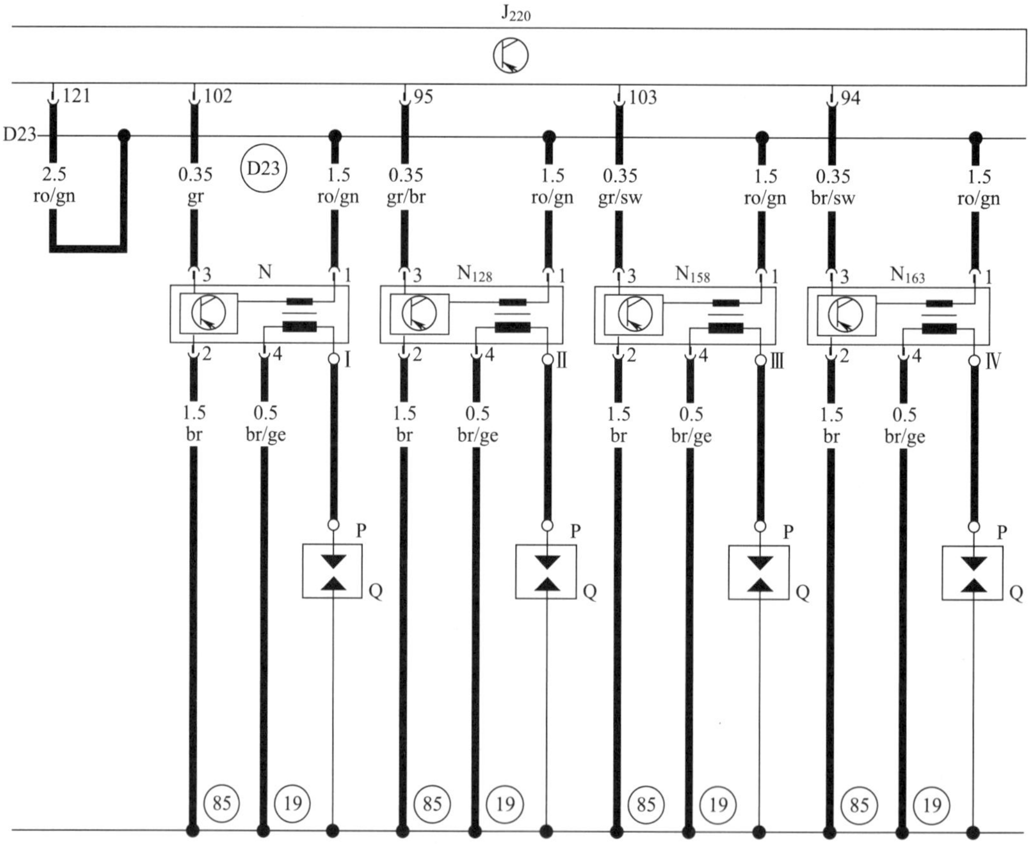

J_{220}
121
102
95
103
94
D23
2.5
ro/gn
0.35
gr
D23
1.5
ro/gn
0.35
gr/br
1.5
ro/gn
0.35
gr/sw
1.5
ro/gn
0.35
br/sw
1.5
ro/gn
3
N
1
3
N_{128}
1
3
N_{158}
1
3
N_{163}
1
2
4
I
2
4
II
2
4
III
2
4
IV
1.5
br
0.5
br/ge
1.5
br
0.5
br/ge
1.5
br
0.5
br/ge
1.5
br
0.5
br/ge
P
Q
P
Q
P
Q
P
Q
85
19
85
19
85
19
85
19

独立点火系统电路图

（3）点火系统的控制及电压测试。

1）查阅资料并对照下图，在实训车辆上找到点火控制器并填空，叙述点火控制器的作用。

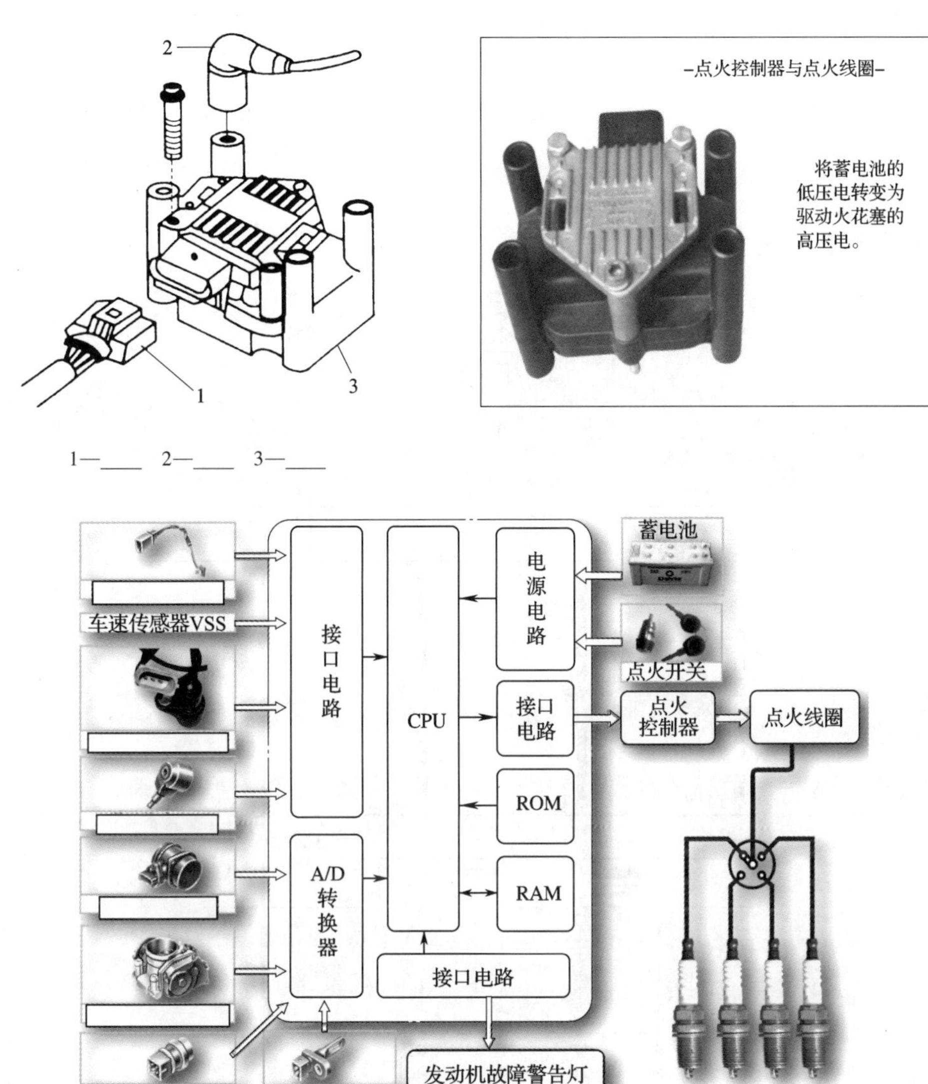

2）点火系电压测试。下图所示为大众车型点火系局部电路图。查阅资料或车辆维修手册完成下列任务，并将点火器各接线端子的名称写出，并画于展板上。

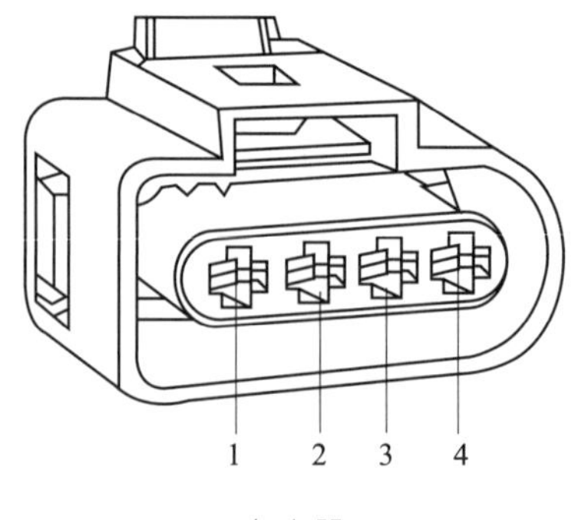

点火器

右图中点火器的接线端子名称分别为：

1—________________

2—________________

3—________________

4—________________

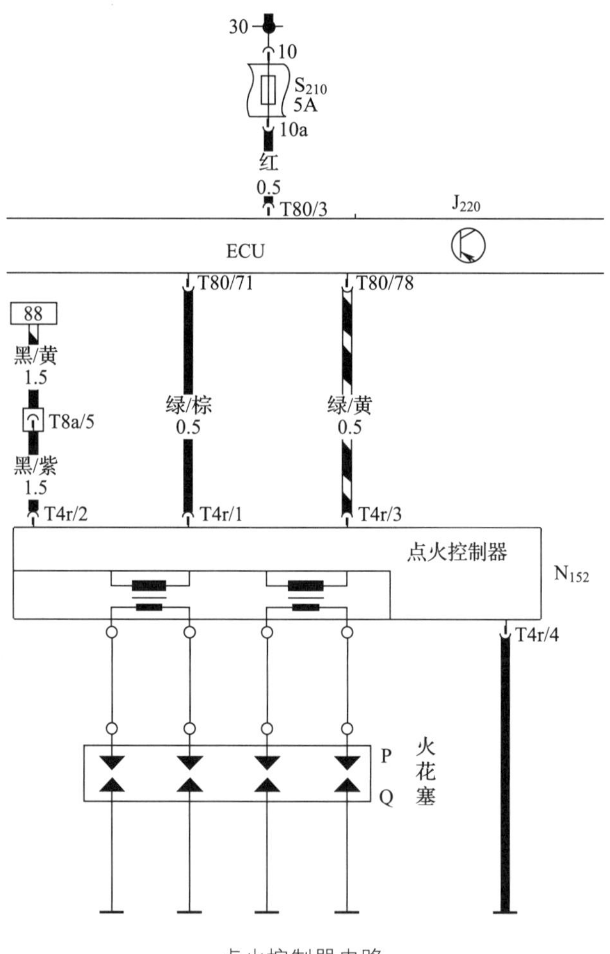

点火控制器电路

①关闭点火开关，拔下点火器插头。

②选择万用表电压挡，检查喷油器插口 2 与 4 之间，红表棒接______，黑表棒接______，点火开关打开时应为______。

③用发光二极管测试灯连接蓄电池正极和插头上端子 4，发光二极管测试灯应______。如果测试灯不亮，检查端子______和接地点的线路有无断路。

④拔下 4 个喷油器的插头和点火器的 4 个端子，打开点火开关，用发光二极管测试灯的一端接地点，另一端分别接端子 1、3，接通起动机使其转动数秒，测试灯应______。如果测试灯不闪，应进行以下检查。

⑤分别检查点火器端子______和 ECU 端子______间导线是否开路或短路。如果线路正常，应更换发动机 ECU。

检查点火器端子

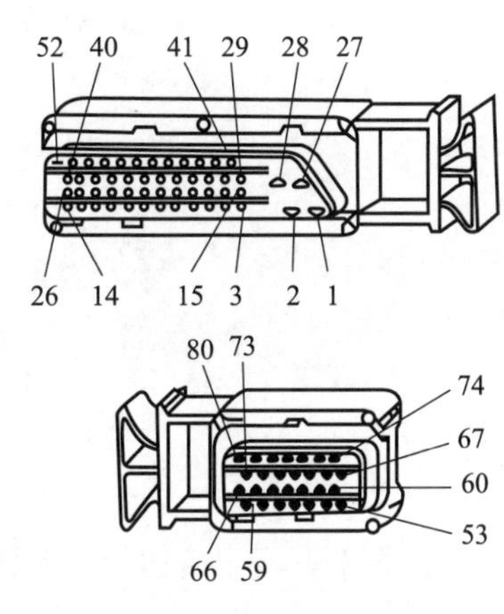

与 ECU 端连接

4. 曲轴/凸轮轴位置传感器基本知识。

(1) 查阅相关资料，写出曲轴位置传感器的类型及功用。

（2）补充下图，并描述该传感器的工作原理。

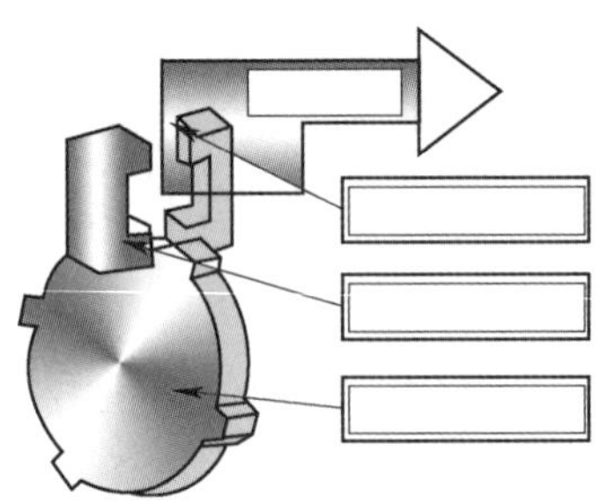

霍尔式凸轮轴位置传感器

（3）对照下列两图，写出转速传感器和曲轴位置传感器的工作原理。

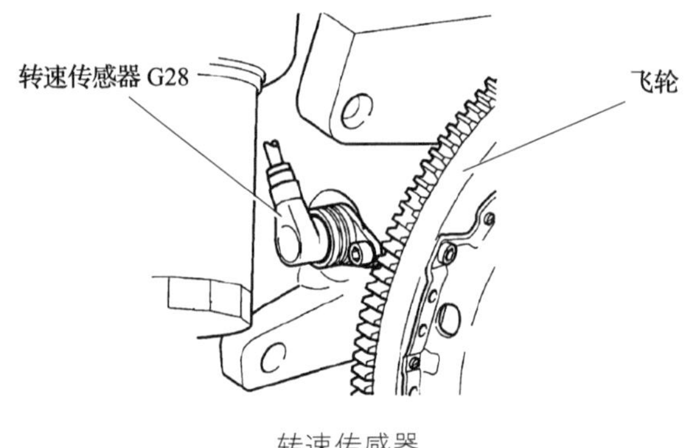

转速传感器

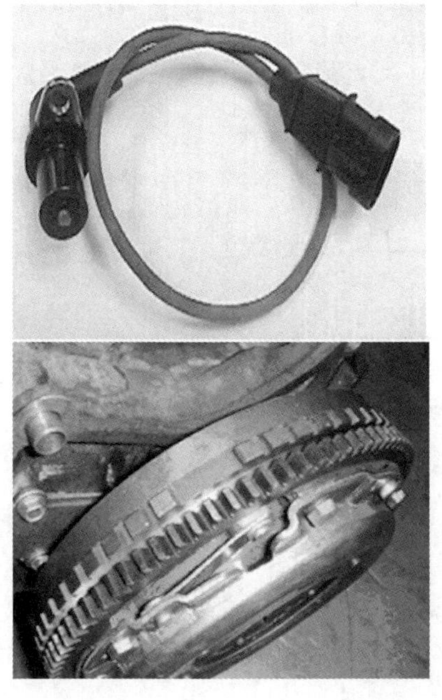

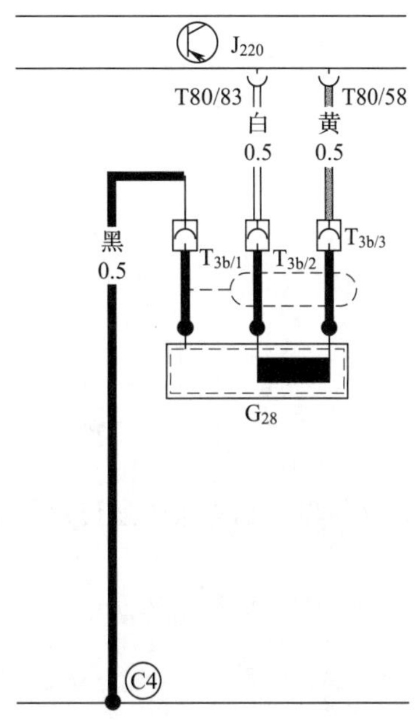

大众车型磁感应式曲轴位置传感器

（4）电磁式曲轴位置传感器（大众车）的检测。

1）转速传感器正常工作时，利用示波器观察其输出为接近正弦的____信号，其频率与曲轴转速成______，幅值也随转速和空气间隙大小而改变。20℃时转速传感器的线圈电阻为（860±86）Ω，线圈电感（1 kHz，串联电路）为（370±60）mH。

2）拔下发动机转速传感器的灰色3孔插头，测量插头触点2与3之间的传感器电阻，规定值为__________Ω；检查传感器的1与2及1与3之间是否短路，规定值为____________Ω；如未达到规定值，更换发动机转速传感器G28。

3）如确定传感器无故障，将V. A. G. 1598/22接到发动机控制单元线束上。按电路图检查V. A. G. 1598/22与3孔插头间是否断路：触点1与插口108，触点2与插口90，触点3与插口82，导线电阻最大为____Ω。检查导线彼此间是否断路，规定值为____Ω。如确定导线无故障：检查靶轮是否装牢，以及是否有损坏和径向摆动。

（5）触发轮齿的霍尔式曲轴位置传感器与ECU有三条引线相连。其中一条是ECU向传感器加电压的电源线，输入传感器的电压为 ____ V；另一条是传感器的输出信号线，当飞轮齿槽通过传感器时，霍尔传感器输出脉冲信号，高电位为______ V，低电位为______ V；第三条是通往传感器的接地线。

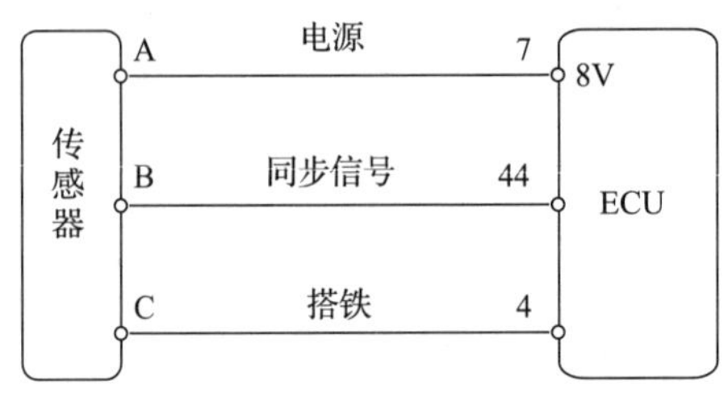

霍尔式曲轴位置传感器与 ECU 连接

（6）简述霍尔式凸轮轴位置传感器的作用。

（7）霍尔式凸轮轴位置传感器的检测。

1）用示波仪观察波形：凸轮轴相位传感器正常工作时，利用示波器观察其输出为接近________的电压信号，其频率与凸轮轴________成正比。

2）检查工作状况：用发光二极管从霍尔传感器插头背面连接端子 3 和 2，使起动机工作数秒，发光二极管应________（发动机每 2 转灯闪一次）。

3）检测供电电压：如果发光二极管不闪亮，拔下霍尔传感器插头，接通点火开关，用万用表测量插头端子 1 和 3 之间的电压，应接近________ V。

4）检测导线：触点 1 与发动机电脑端子 98，触点 2 与发动机电脑端子 86，触点 3 与发动机电脑端子 108，导线电阻最大为________ Ω；检查导线彼此间是否断路，规定值为________ Ω。

5．汽缸压力基本知识。

（1）为什么要测量汽缸压力？

（2）简述测量汽缸压力的方法和注意事项。

6. 防盗系统基本知识。

（1）对照下图，简述汽车防盗系统的组成与分类。

汽车防盗系统的组成

小提示：

第一代：一把锁　　　　第二代：采用滚码

第三代：发动机参与防盗计算　　第四代：在线与非在线

（2）对照下图，描述防盗系统的工作原理。

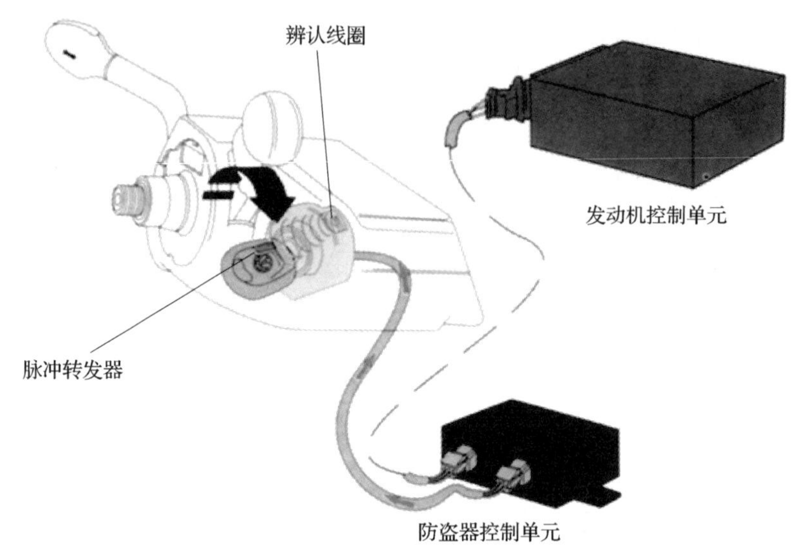

汽车防盗系统的工作原理

（3）查阅相关资料，说明防盗系统对发动机性能的影响。

二、制订故障维修方案

1．采用头脑风暴法，讨论并绘制发动机不能起动的故障分析鱼骨图。

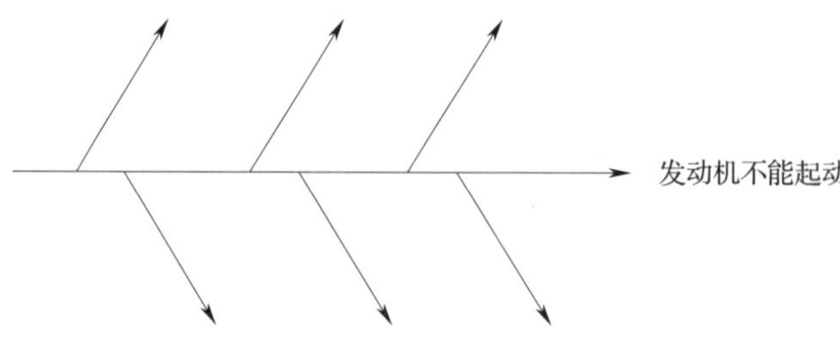

2. 参照下列故障维修流程图，制订故障维修方案。

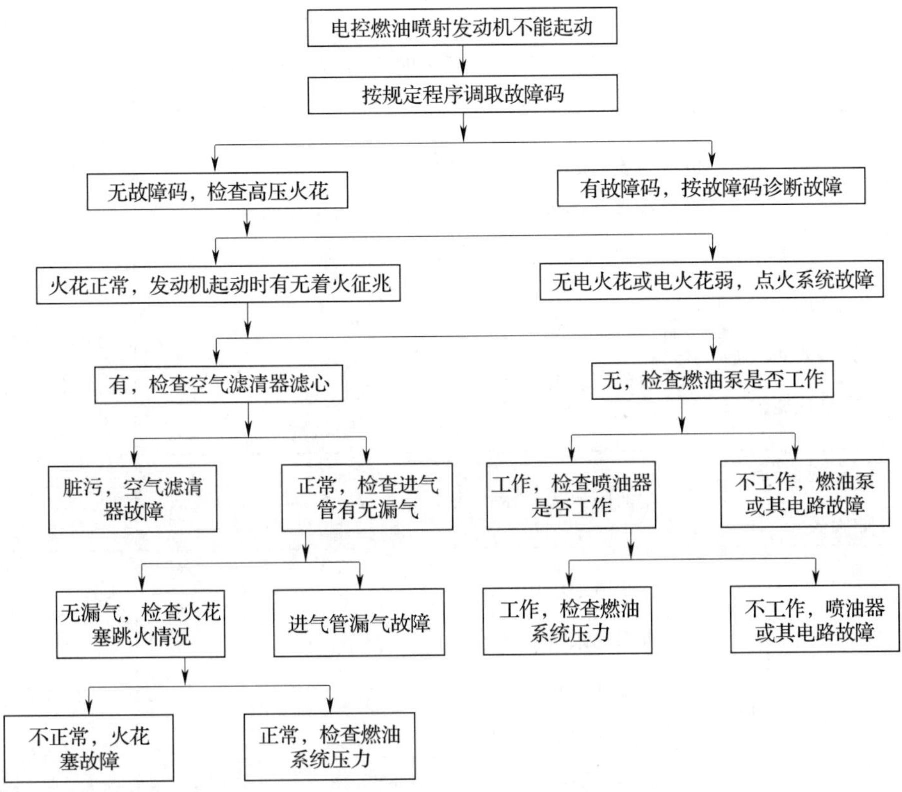

3. 制订发动机不能起动故障的维修方案。

序号	工作步骤	具体描述	工具/设备/用品
1	接车谈话，接受委托		维修委托单
2	车辆信息登记		车辆信息登记表
3	安全防护		三角木、三件套、抽排气装置

续表

序号	工作步骤	具体描述	工具/设备/用品
4	确认故障、初检	验证故障：打开点火开关时注意观察燃油表，倾听油泵声音，起动时注意观察仪表板故障指示灯、发动机转速表、起动机转速等情况 做好外观检查，查看主要接插件有无松脱等	
5	读取故障码、数据流（定格数据）	有故障码，转至6 无故障码，转至7	故障检测仪、记录纸
6	查阅诊断故障码表	根据故障码表提示检修	
7	执行基本检查	检查蓄电池电压 检查起动系统 检查发动机转动阻力 检查喷油器的工作情况 检查点火正时、高压跳火情况 检查燃油压力 检查汽缸压力	万用表、听诊器、备用火花塞、油压表、汽缸压力表
8	检查并测量有故障的系统		
9	排除故障		
10	竣工检验		

学习活动 3　故障诊断与排除

学习目标

1. 能掌握故障排除设备及工具的使用方法。

2. 能根据所制订的维修方案，进行发动机不能起动故障的检修。

3. 作业过程中遵守安全操作规范及 5S 管理要求。

4. 能在作业过程中自我检查贯彻的情况，做好过程记录。

建议学时：26 学时

学习过程

一、发动机故障排除常用工具及设备

1. 下列哪些是检测燃油供给系统的常用工具?

□听诊器　□燃油压力表　□汽车万用表　□汽车专用示波器

□喷油器清洗机　□手持式汽车诊断电脑

2. 听诊器用来帮助确定发动机故障和其他噪声的来源，查阅相关资料，说明用听诊器排查故障的方法。

3. 燃油压力表经常被用来测试燃油系统的压力。燃油系统压力达到额定标准是发动机正常工作的前提，在不同的负荷下发动机燃油压力值会有所不同。查阅相关资料，写出燃油压力表的使用方法。

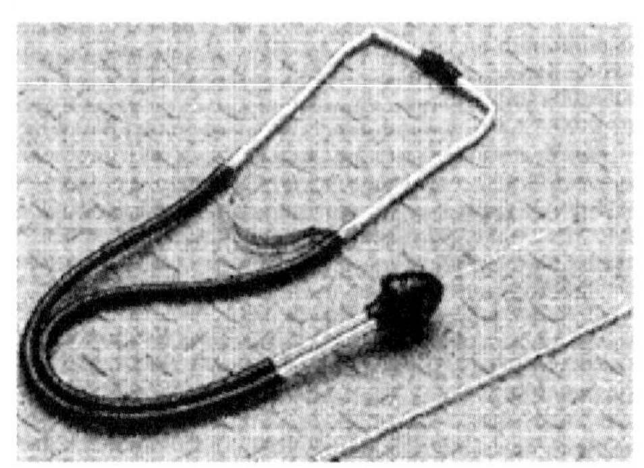

听诊器

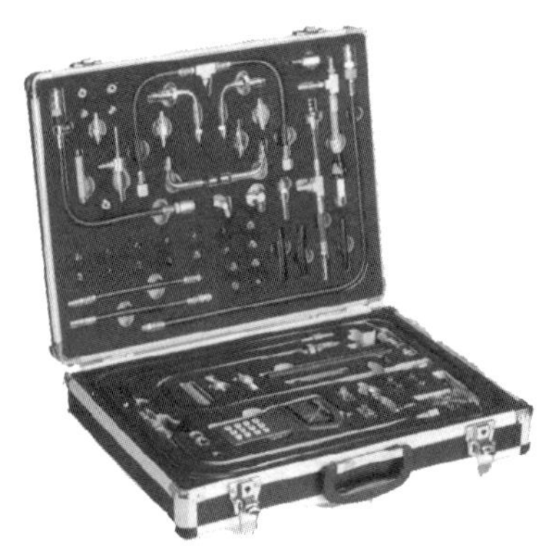

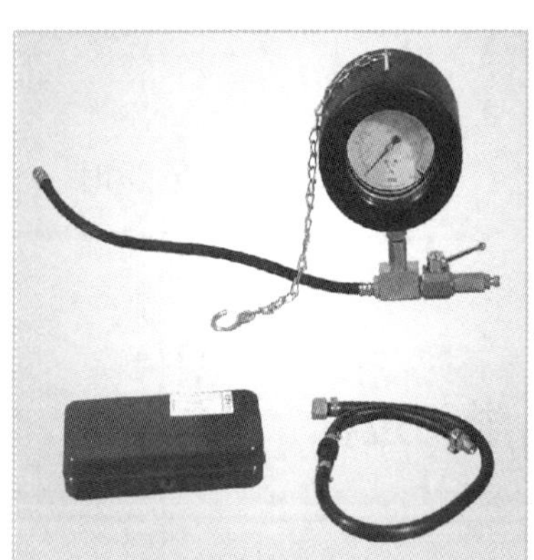

燃油压力表

4. 示波器在汽车发动机故障诊断过程中起什么作用？常用的示波器有哪些型号？简述示波器的操作步骤。

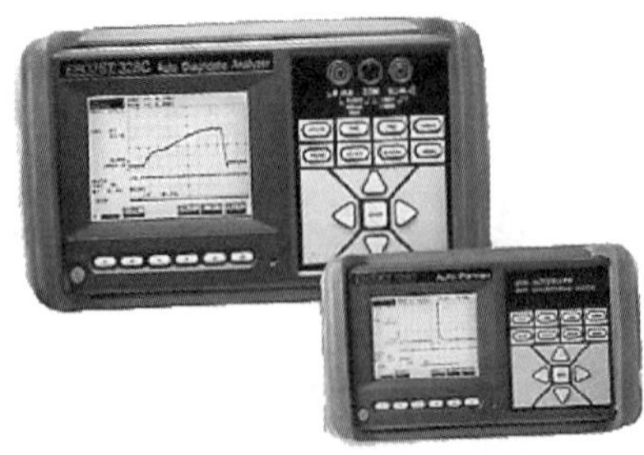

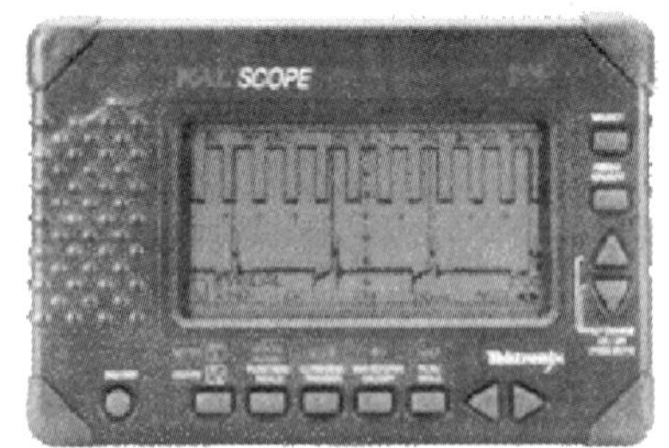

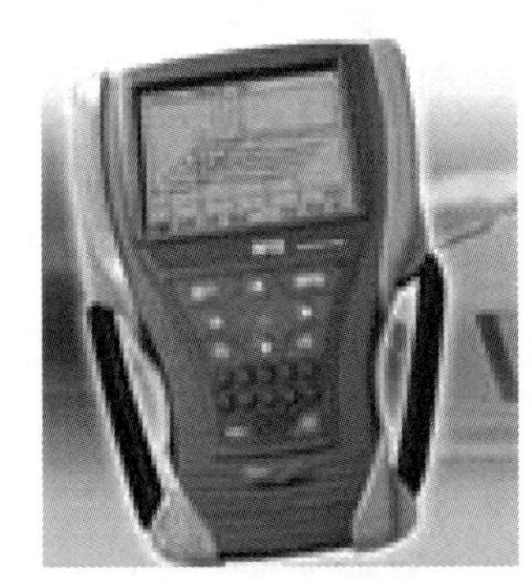

示波器

5. 电喷车辆在使用过程中，由于发动机内的燃油混合气燃烧，会使喷油器出现积碳现象；或者由于燃油中的杂质等堵塞了喷油器，造成发动机发抖或耗油量增大等故障。如果车辆出现上述问题，或行驶里程达到4~6万公里（使用的燃油质量越好，行驶里程越长），就需要对喷油器进行清洗。

查阅相关资料，写出喷油器清洗机的使用方法。

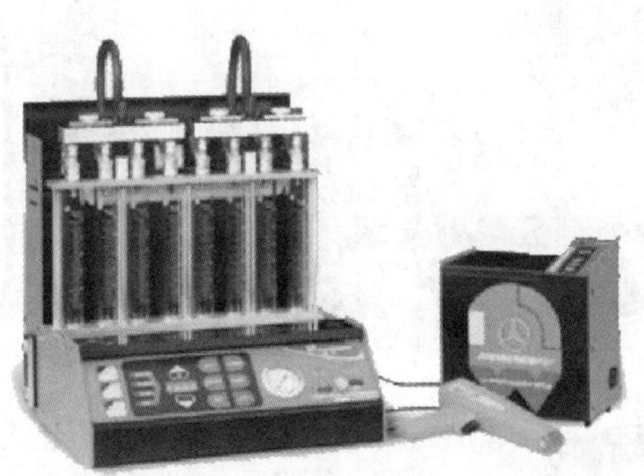

喷油器清洗机

6. 数字万用表是汽车检修中经常用到的一种工具。查阅相关资料，说明汽车万用表的功用。

汽车万用表

7. 汽车诊断电脑又称解码器、扫描仪等，主要用于直接与 ECU 通讯，将存储在 ECU 中的故障码显示出来，并能将故障码从 ECU 中清除。简述汽车诊断电脑的使用方法。

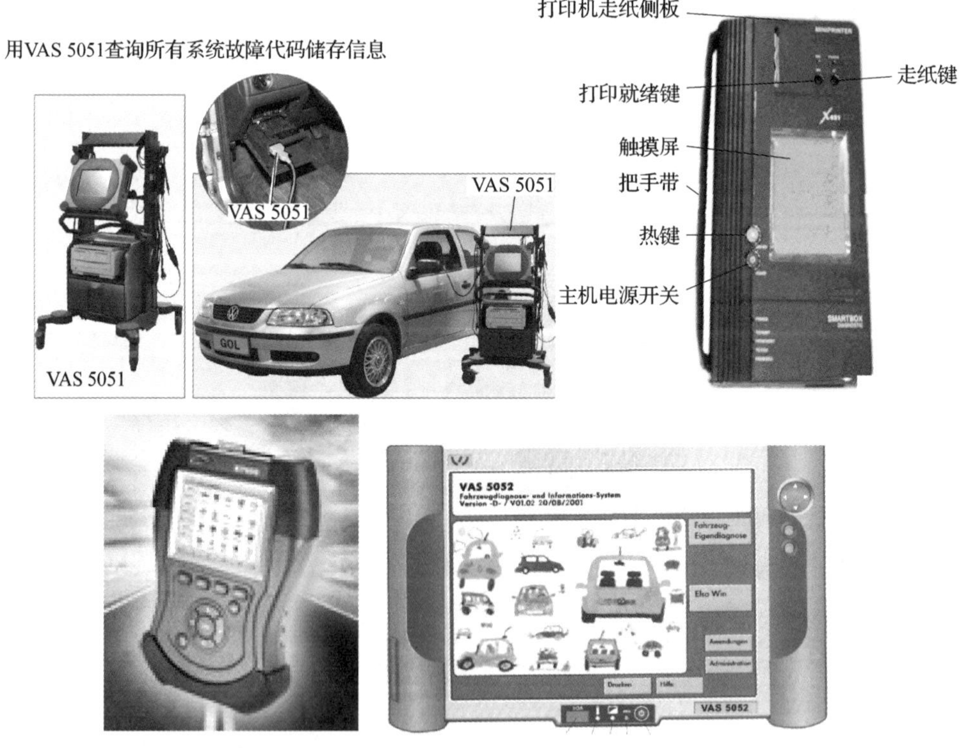

汽车诊断电脑

二、发动机不能起动的检查项目

1．检查起动时起动机能否转动。写出检查步骤和方法。

2．检查起动时火花塞有没有电火花。若没有电火花或者电火花很弱，则检查点火系统。写出检查步骤和方法。

3．检查燃油系统供油是否正常。写出检查方法。

4．检查发动机冷却液温度传感器电路和电阻值是否符合规范。写出检查方法。

5. 检查进气歧管绝对压力（或空气流量传感器）。写出检查方法。

6. 检查曲轴位置传感器间隙和电阻值。写出检查方法。

7. 检查基本的发动机机械问题。发动机机械问题包括汽缸的密封性等，还有哪些发动机机械问题需要检查呢？

三、发动机转速传感器的检查

发动机转速传感器出现故障的诊断流程如下表所示，补全检查方法、检查结果、故障排除等内容。

操作步骤	检测方法及结果	结果分析	故障排除
确认故障、初检			
读取故障码、数据流（定格数据）			
传感器基本检查			

续表

操作步骤	检测方法及结果	结果分析	故障排除
与 ECU 的连接情况			
用万用表测量线路的导通情况			
其他			
结论			

四、填写故障诊断作业记录表

故障诊断作业记录表

班级__________　　姓名__________

整车型号		发动机型号	
车辆识别码			

项目	作业记录
1. 前期准备	
2. 安全检查	

发动机无法起动	作业记录
故障诊断	1. 故障代码：______________________________ 2. 大致故障方位描述：

续表

发动机无法起动	作业记录
故障诊断	3. 部件测试情况：
故障排除	1. 故障点描述： 2. 维修措施：

学习活动4　竣工检验与评价

学习目标

1. 能查阅维修手册，检验发动机不能起动故障的排除情况。

2. 能以小组为单位进行故障维修成果展示。

3. 能进行自我评价与反馈，发现工作中的问题并改进。

4. 能总结和归纳排除故障过程中的宝贵经验。

建议学时：4 学时

学习过程

一、检查故障排除情况

1. 按照下表内容检查故障排除情况，写出步骤、方法、验证结果及个人心得体会。

检查项目	步骤和方法	验证结果
发动机能否起动		
故障灯是否点亮		
发动机是否有故障码		

续表

检查项目	步骤和方法	验证结果
发动机运转情况		
传感器情况		
ECU 和执行器情况		
路试情况		
个人心得体会		
教师评价		

2. 确认故障已经排除后，写出引起该故障的可能原因。

3．填写出厂检验单。

出厂检验单

牌照号		出厂日期		业务员	

发动机部分			
机油压力		油液面	
各种工况是否良好		各部有无渗漏	

尾气排放		怠速		高速	
	CO（%）				
	HC（ppm）				
	氮氧化物				
	结果				

转向悬挂系统				
	方向机是否有异响：		皮套状况：	
	转向拉杆情况：			
	液压系统是否漏油		油面	
	直接行驶是否跑偏		油质	
	悬挂系统是否正常：			

四轮定位检测记录				
	前轮		后轮	
外倾角	左	右	左	右
单轮束	左	右	左	右
后倾角	左	右		

电器系统	前照灯检测记录			
	发光强度	左		右	
	光照位置	左		右	
	灯光、信号是否齐全			
	备用电设备是否正常			

传动部分		
手动变速箱	离合器自由行程：	
	离合器分离情况：	
自动变速箱		
有无渗漏：		
换挡情况：		
油面情况：	油质情况：	
传动轴胶套：	有无异响：	

制动系统		
	制动管路有无渗漏：	
路试情况	制动距离：	m
	在2.5 m宽车道内跑偏情况：	
	20%坡道驻车制动情况：	
	有无刹车异响：	

空调系统		
	低压： bar	高压： bar
	出风口温度：	有无渗漏：
	压缩机运转：	鼓风机运转：
	冷却风扇运转情况：	

检验结论： 检验员：　　主修人：　　日期：
用户签字：

质量保证期：

按国家及各企业标准施行

二、总结与评价

1．总结经验。在检查、分析、判断和故障排除过程中，是否走了弯路或有重复动作，今后排除故障时如何才能快速、准确地找到并排除故障，做到事半功倍？

项目名称	原因	改进措施
多余的步骤		
重复的动作		
遗漏的项目		
总结		

2. 合理建议。根据故障诊断与排除情况，推断车主的驾驶习惯、日常维护缺陷以及由此引起的车辆损伤情况等，向客户建议合理的使用方法和日常维护方法，并填写下表。

项目名称	不正确的操作/方法	建议
驾驶和操作		
维护和保养		
其他		

3. 填写任务评价表。

班级：　　　　　　　　组别：　　　　　　　　姓名：

项目	评价内容	评价等级（学生自评）		
		A	B	C
关键能力考核项目	遵守纪律，遵守学习场所管理规定，服从安排			
	安全意识、责任意识、5S 管理意识，注重节约、节能与环保			

续表

<table>
<tr><th rowspan="2">项目</th><th rowspan="2">评价内容</th><th colspan="3">评价等级
（学生自评）</th></tr>
<tr><th>A</th><th>B</th><th>C</th></tr>
<tr><td rowspan="3">关键能力
考核项目</td><td>学习态度积极主动，能参加实习安排的活动</td><td></td><td></td><td></td></tr>
<tr><td>有团队合作意识，注重沟通，能自主学习及相互协作</td><td></td><td></td><td></td></tr>
<tr><td>仪容仪表符合活动要求</td><td></td><td></td><td></td></tr>
<tr><td rowspan="5">专业能力
考核项目</td><td>按时按要求独立完成工作页</td><td></td><td></td><td></td></tr>
<tr><td>工具、设备选择得当，使用符合技术要求</td><td></td><td></td><td></td></tr>
<tr><td>操作规范，符合要求</td><td></td><td></td><td></td></tr>
<tr><td>学习准备充分、齐全</td><td></td><td></td><td></td></tr>
<tr><td>注重工作效率与工作质量</td><td></td><td></td><td></td></tr>
<tr><td>小组评语
及建议</td><td></td><td colspan="3">组长签名：

年　月　日</td></tr>
<tr><td>教师评语
及建议</td><td></td><td colspan="3">教师签名：

年　月　日</td></tr>
</table>

学习任务一评价表

班级：__________ 姓名：__________ 学号：__________

项目	自我评价			小组评价			教师评价		
	10 ~ 9	8 ~ 6	5 ~ 1	10 ~ 9	8 ~ 6	5 ~ 1	10 ~ 9	8 ~ 6	5 ~ 1
	占总评 10%			占总评 30%			占总评 60%		
学习活动 1									
学习活动 2									
学习活动 3									
学习活动 4									
协作精神									
纪律观念									
表达能力									
工作态度									
安全意识									
任务总体表现									
小计									
总评									

任课教师：________ 年 月 日

学习任务二　发动机怠速抖动故障诊断与排除

学习目标

1. 能根据故障现象进行故障分析，判断发动机怠速抖动的故障点。
2. 能查阅相关资料，制订故障诊断流程。
3. 能利用检测设备规范地检测和排除故障。
4. 能对检测数据进行记录、分析、判断，并最终排除故障。
5. 能进行团队成员的有效沟通与协同作业。
6. 能根据5S管理规定进行现场操作。

建议学时

60 学时

工作情境描述

一辆丰田卡罗拉 GL1.6AT 轿车被拖到维修站，驾驶员反映汽车出现怠速抖动故障，甚至有时会熄火，但车辆加速行驶正常，要求维修站对故障进行诊断与排除。经维修技师检查发现，发动机故障指示灯不亮。现需要对相关部件进行检查，根据维修手册要求，在规定时间（参照维修资料）内完成汽车发动机故障诊断与排除，完成后交付班组长验收。

工作流程与活动

学习活动 1　任务分析及检查

学习活动 2　维修方案制订

学习活动 3　故障诊断与排除

学习活动 4　竣工检验与评价

学习活动1　任务分析及检查

学习目标

1. 能对发动机怠速抖动故障进行初步分析，确定故障点。

2. 能掌握发动机怠速控制系统基本知识。

3. 能正确识读并析绘发动机怠速控制系统电路图。

建议学时：12 学时

学习控制

一、填写车辆基本信息

模拟客服人员接车，并填写接车单。

××汽车维修服务有限公司接车单

客户姓名		联系地址			
客户联系电话		车牌号		接车日期	
车型		车辆 VIN 码			
里程数		发动机型号			
用户描述的故障现象					
服务顾问诊断得出初步意见					

续表

<table>
<tr><td>服务顾问
建议</td><td colspan="3"></td></tr>
<tr><td colspan="2">功能确认：（正常√　不正常×）
□音响系统　□点烟器
□中央门锁　□后视镜
□天窗　□四门玻璃升降</td><td colspan="2" rowspan="2">外观确认：
（如有损伤，在相应部位作标记）</td></tr>
<tr><td colspan="2" rowspan="2">油量确认：
F
E</td></tr>
<tr><td colspan="2">物品确认：（有√　无×）
□随车工具　□千斤顶
□贵重物品已提醒用户带离车辆
□备胎　□灭火器
□其他（　　　　）</td></tr>
<tr><td>服务顾问提醒</td><td colspan="3">①本次检查出的故障如在本站维修，检查工费不另收取；如不在本站维修，则检查工费应由用户支付，本次检查工费为：￥______元。
②维修旧件处理：□用户要求带走　□用户选择不带。
③本站已提醒用户将车内贵重物品带离车辆并妥善保管，如有丢失恕与本站无关。</td></tr>
<tr><td>服务顾问</td><td></td><td>用户确认</td><td></td></tr>
</table>

二、故障分析

1. 写出发动机起动前安全检查的主要内容（如油水电检查、挡块检查、手刹检查等）。

2. 查阅相关资料，列举发动机怠速抖动的常见故障现象，并简要分析故障原因。

故障现象	故障原因
起动后一直抖动	
冷车抖动	
热车抖动	
开空调时怠速抖动	
其他故障现象	

三、基本检查

1. 按照下表所列检查内容进行基本检查，将检查结果和结果分析填写在下表中。

序号	检查内容	检查结果	结果分析
1	蓄电池电压检查		
2	润滑油、冷却液检查		
3	进气总管、歧管是否漏气检查		
4	真空管及其他软管是否漏气检查		
5	曲轴位置传感器连接检查		
6	冷却液温度传感器连接检查		
7	空气流量计或进气压力传感器连接检查		

续表

序号	检查内容	检查结果	结果分析
8	节气门位置传感器及怠速控制机构工作情况检查		
9	喷油器插头检查		
10	点火系统连接检查		
11	发动机舱线束插头检查		

2. 连接故障诊断仪，读取故障码，查阅维修手册，写出各故障码的含义。

3. 填写派工作业单。

派工作业单

客户名：　委托书号：

地址：　送修时间：

电话：　手机：　约定交车时间：

联系人：　邮编：　修理类型：

车牌号	收音机密码	发动机号	底盘号	行驶里程	购车日期	车型	付款方式

续表

修理工位	修理项目	性质	工时	工时费	起止时间	主修人

1. 随车贵重物品请客户自行保管，如有遗失，站方不承担任何责任。

2. 修理工料费按实际发生额结算。

3. 用户凭此委托书提车，请妥善保管。

检验员：　　　　　服务顾问：　　　　　接待员：　　　　　用户签字：

地址：

电话：　　　　　　　　　邮编：

四、成果展示

1. 各小组就车指出空气流量计或进气压力传感器、节气门位置传感器等的位置。

2. 上网下载一张卡罗拉 GL1.6AT 车型发动机怠速控制系统电路图，并向其他组员分析展示。

学习活动 2　维修方案制订

学习目标

1. 能查阅相关资料，分析发动机怠速抖动故障的原因。

2. 了解怠速控制系统基本知识。

3. 能制订发动机怠速抖动故障的检测与维修方案。

4. 能在作业过程中自我检查贯彻的情况，做好过程记录。

建议学时：20 学时

学习过程

一、发动机怠速抖动故障分析

与发动机怠速抖动故障有关的系统包括进气系统、燃油系统、点火系统、机械结构等。

1. 进气系统

(1) 写出进气总管、歧管或各种阀引起泄漏的检查部位或可能的故障。

进气总管及卡子：________________

进气歧管：________________

喷油器 O 形密封圈：________________

真空管：________________

曲轴箱强制通风（PCV）阀：________________

活性炭罐阀：________________

废气再循环（EGR）阀：________________

（2）写出节气门和进气道积垢过多的故障原因。

节气门：____

怠速步进电动机：____

占空比电磁阀：____

旋转电磁阀：____

（3）写出怠速空气执行元件故障的主要原因。

（4）写出进气量失准的常见故障原因。

2. 燃油系统

（1）写出喷油器故障的常见原因。

（2）写出燃油压力故障的常见原因。

（3）写出喷油量失准的常见原因。

3．点火系统

（1）写出点火模块与点火线圈故障的常见原因。

（2）写出点火提前角失准的常见原因。

（3）写出三元净化催化器、自动变速器、空调、转向助力器引起发动机怠速抖动的原因。

4. 机械结构

（1）写出配气机构的常见故障原因。

（2）写出发动机体、活塞连杆机构的常见故障原因。

二、怠速控制系统的组成

1. 查阅相关资料，写出怠速控制系统各组件的名称及功能。

结构图	名称	功能
	转速传感器 （Ne 信号）	
		检测发动机处于怠速状态
	水温传感器	

续表

结构图	名称	功能
		检测车速
	动力转向开关信号	检测动力转向工作状态
	发电机负荷信号	检测发电机负荷变化情况
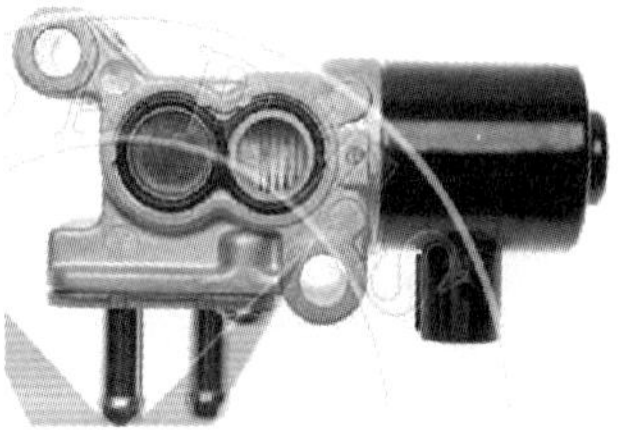		控制节气旁通空气通道
	油门踏板位置传感器	
	ECU	根据从各传感器输入的信号，把发动机的实际转速与各传感器输入信号所决定的目标转速进行比较。根据比较得出的差值，确定相当于目标转速的控制量，去驱动控制空气量的执行机构，使怠速转速保持在目标转速上

2．对照下图，写出怠速充气量的控制方式。

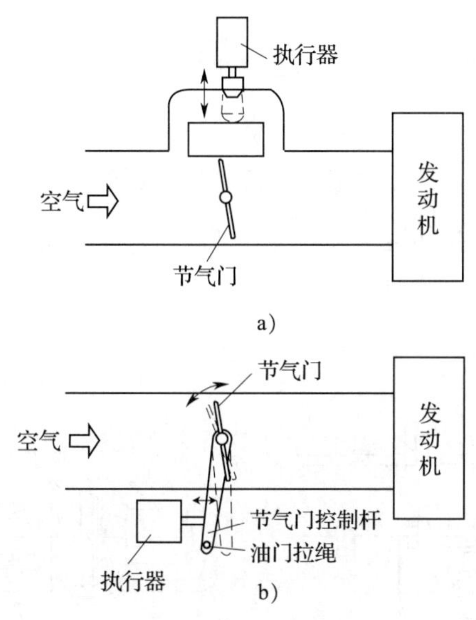

怠速充气量的控制方式

（1）控制节气门，简述其控制原理：

（2）执行器控制节气门，简述其控制原理：

三、怠速控制系统的执行机构

1．旁通空气式怠速执行器，阀门开度越大，旁通空气通道截面＿＿＿＿＿＿，空气流量＿＿＿＿＿＿，则怠速转速＿＿＿＿＿；反之，则怠速转速＿＿＿＿＿。

2．写出旁通空气式怠速执行器的类型：

＿＿＿＿＿＿＿＿＿＿＿＿＿＿怠速控制机构

＿＿＿＿＿＿＿＿＿＿＿＿＿＿怠速控制机构

＿＿＿＿＿＿＿＿＿＿＿＿＿＿怠速控制机构

＿＿＿＿＿＿＿＿＿＿＿＿＿＿怠速控制机构

＿＿＿＿＿＿＿＿＿＿＿＿＿＿怠速控制机构

3．附加空气滑阀式怠速空气调整器的工作原理。

双金属片式：发动机温度低时，遮门打开，此时节气门关闭，从空气调整器流入的额外空气使吸入汽缸的空气量________，怠速转速________ 成为____________状态。

石蜡式：如下图所示，发动机冷却液温度较低时，恒温石蜡_____收缩，提动阀______在弹簧______的作用下打开。随着温度的升高，恒温石蜡______ 膨胀，推动连接杆使提动阀________慢慢关闭，发动机转速下降。暖车结束后，提动阀______ 将完全关闭空气通道，发动机恢复到正常怠速转速。

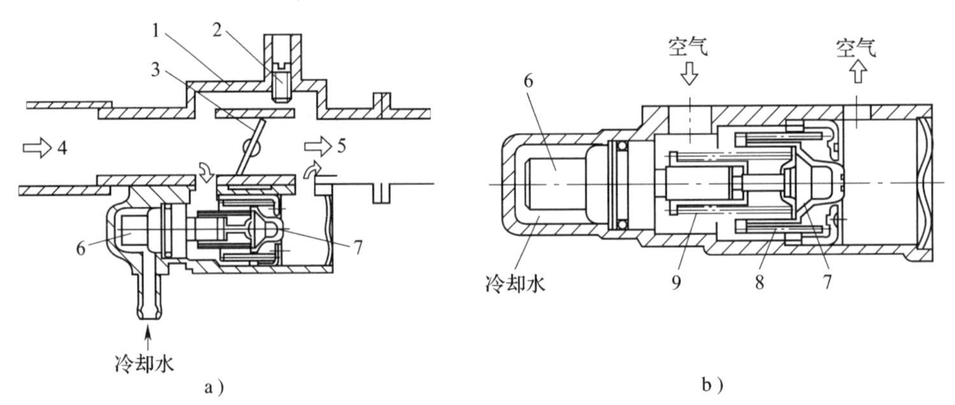

石蜡式怠速空气调整器

a）总体结构 b）怠速阀结构

1—节气门体 2—怠速调整螺钉 3—节气门 4—来自空气滤清器 5—去往空气盒

6—恒温石蜡 7—提动阀 8—外弹簧 9—内弹簧

4．对照下图，说明步进电动机的工作过程。

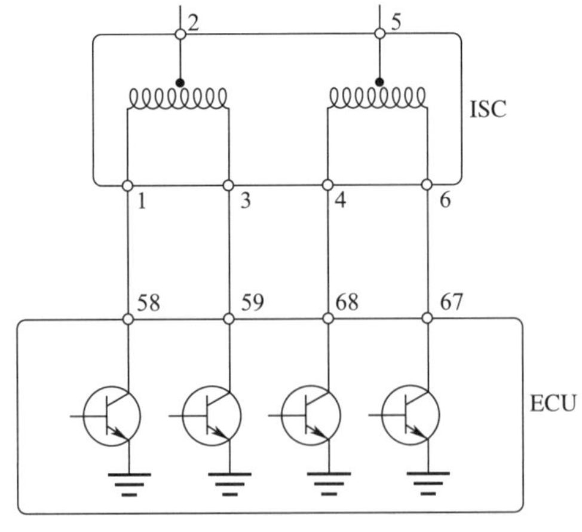

步进电动机工作原理图

（1）步进电动机的工作由＿＿＿＿＿＿＿＿＿＿＿＿＿＿＿＿＿来控制。

（2）步进电动机一般旋转 1 周需要＿＿＿步，约用时＿＿s，其总工作范围有＿＿＿个步数。

5. 对照下图，说明平动电磁阀式怠速控制执行器的工作原理。

（1）启动时，使阀门处于全开位置，从而可以提供较大的空气量，目的是＿＿＿＿＿＿＿＿＿＿＿＿＿＿。

（2）通常在怠速情况下，阀门处于＿＿＿＿＿ 位置，根据所需转速的变化上下移动。

（3）WOT 巡航工况，ECU 指令阀门处于＿＿＿＿＿ 位置，目的是＿＿＿＿＿＿＿＿＿＿＿＿＿＿＿＿＿。

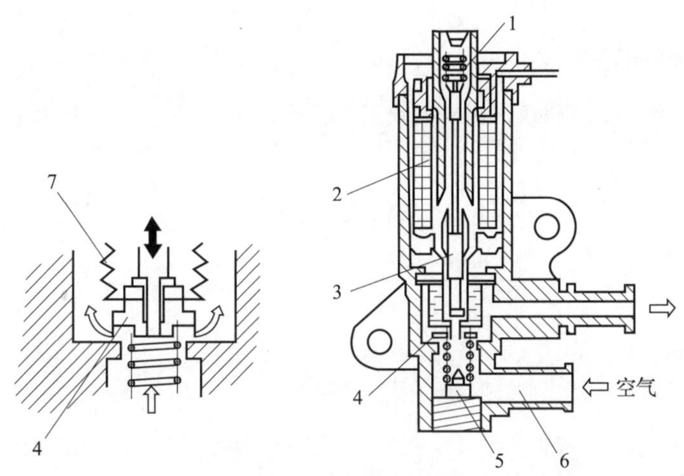

平动电磁阀式怠速控制执行器

1—弹簧　2—电磁线圈　3—阀轴　4—阀　5—壳体　6—吸入管　7—波纹管

6. 对照下图，说明旋转电磁阀式怠速执行器的工作原理。

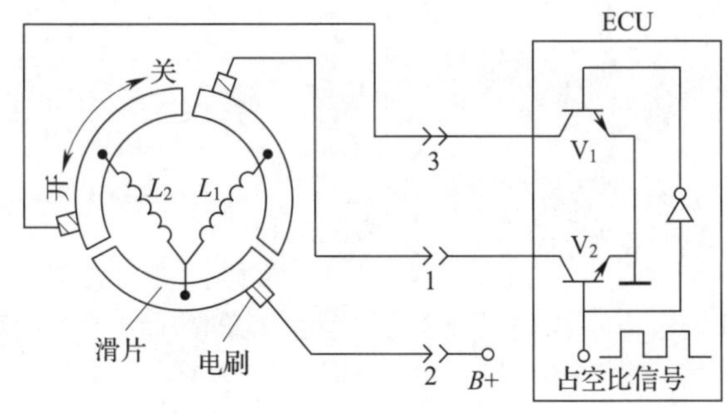

旋转电磁阀式怠速执行器

T_1—线圈 L_1 产生的转矩，逆时针方向，大小与电流有关；

T_2—线圈 L_2 产生的转矩，顺时针方向，大小与电流有关；

T_3—弹簧产生的转矩，逆时针方向，大小与转角有关。

当 $T_1 + T_3 > T_2$ 时，电枢将____________转动，即____________旁通空气量；

当 $T_1 + T_3 < T_2$ 时，电枢将____________转动，即____________旁通空气量；

当 $T_1 + T_3 = T_2$ 时，电枢将____。

7. 写出真空电磁阀怠速控制的类型。

一是：______________真空开关阀；二是：______________真空开关阀。

8. 节气门直动式怠速执行器主要由____________、______________和____________等部件组成。

四、怠速控制模式

1. 电控发动机上的怠速执行器一般具有哪几个功能？

功能 1：

功能 2：

功能 3：

功能 4：防止发动机续走，即炽热的发动机不能熄火的现象，用关闭全部空气通道的办法来强制熄火。

2. 步进电机式怠速控制系统有哪几个控制项目？

3. 旋转电磁阀式怠速控制系统有哪几个控制项目？

4. 开关控制型真空电磁阀在什么情况下由断开变为接通？

五、节气门位置传感器

1. 下表所示为不同类型的节气门位置传感器，补充下表内容。

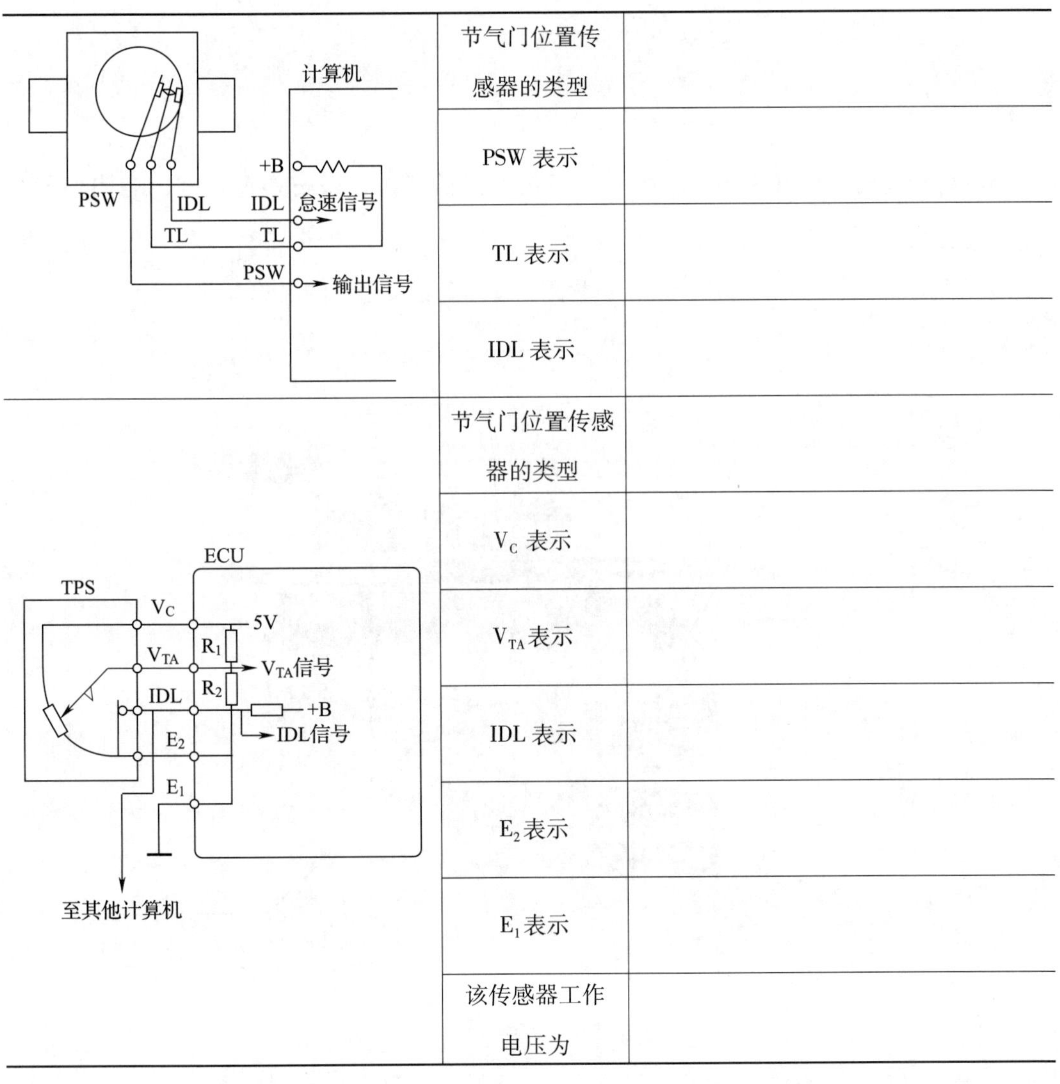

（图一）	节气门位置传感器的类型	
	PSW 表示	
	TL 表示	
	IDL 表示	
（图二）	节气门位置传感器的类型	
	V_C 表示	
	V_{TA} 表示	
	IDL 表示	
	E_2 表示	
	E_1 表示	
	该传感器工作电压为	

2. 对照下图，说明节气门位置传感器的作用。

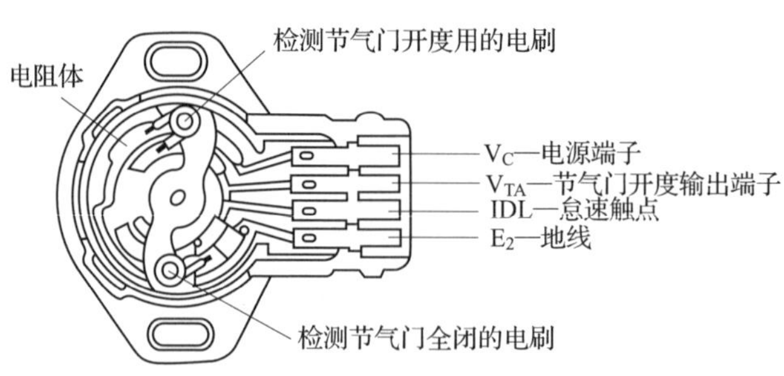

3. 线性节气门位置传感器，随着节气门开度的增加，E2—VTA 之间的电阻值随之____________________。

4. 下图所示为节气门位置传感器实物图，填写各组成部件的名称。

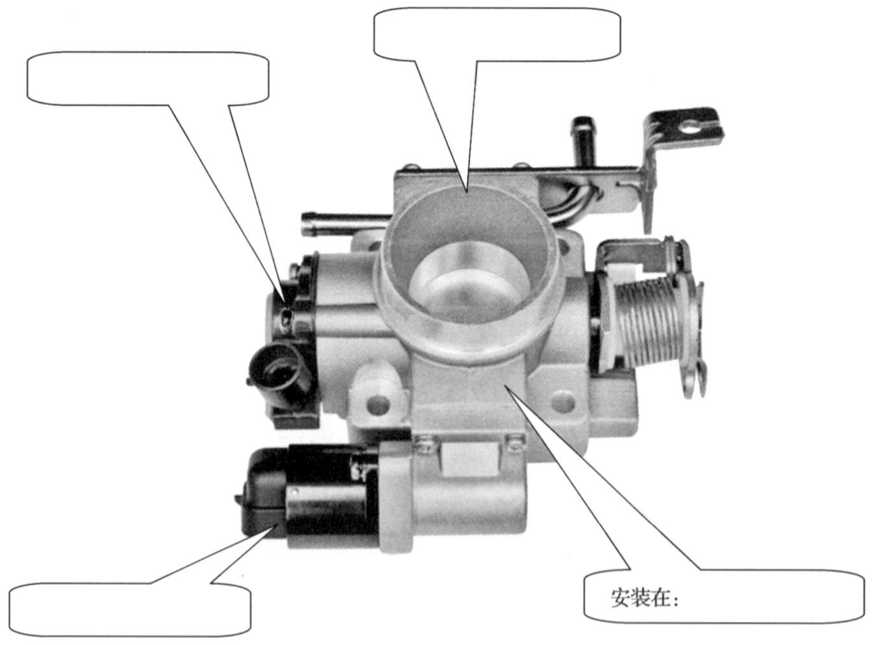

节气门位置传感器

5. 下图所示为丰田卡罗拉加速踏板位置传感器电路图，写出各端口的含义。

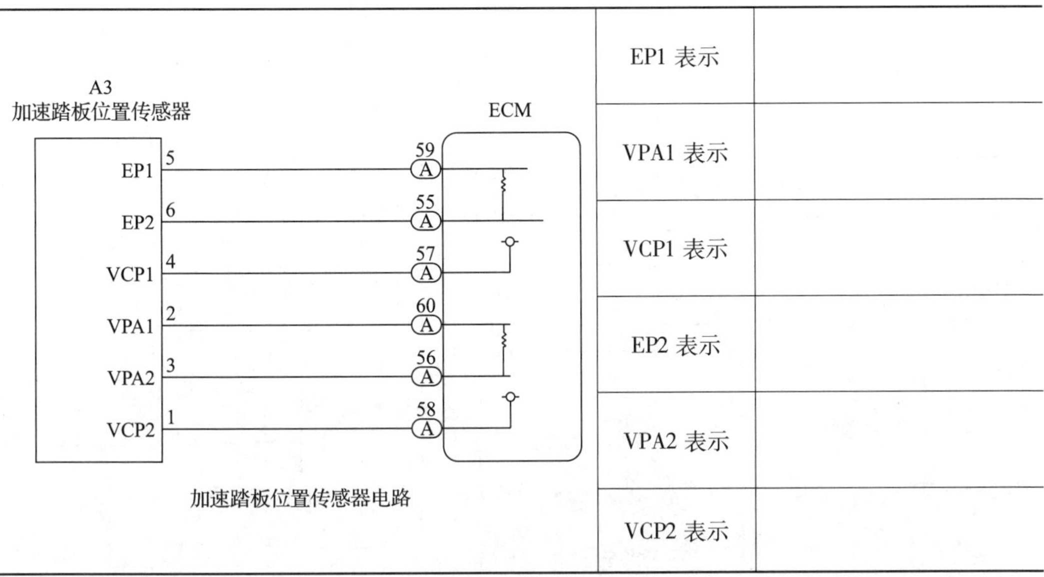

加速踏板位置传感器电路

EP1 表示	
VPA1 表示	
VCP1 表示	
EP2 表示	
VPA2 表示	
VCP2 表示	

六、制订故障维修方案

1. 造成发动机怠速抖动的原因有哪些？通过信息收集完成鱼骨图的绘制。

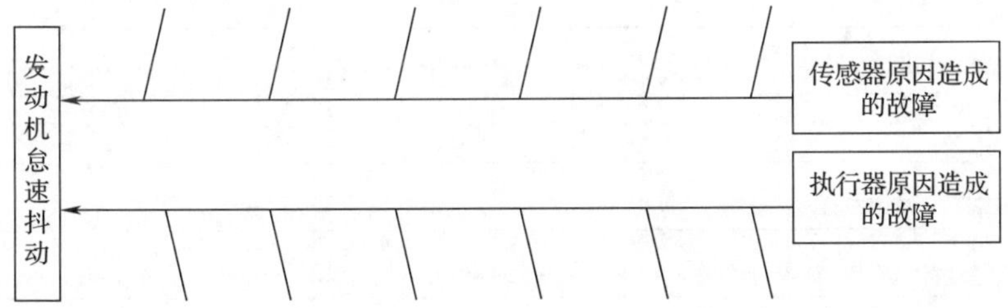

2. 当遇到发动机怠速抖动故障时，首先要对故障进行确认，接着完成一些基本检查，通过检查确定故障点。设计发动机怠速抖动故障的检查方法和步骤。

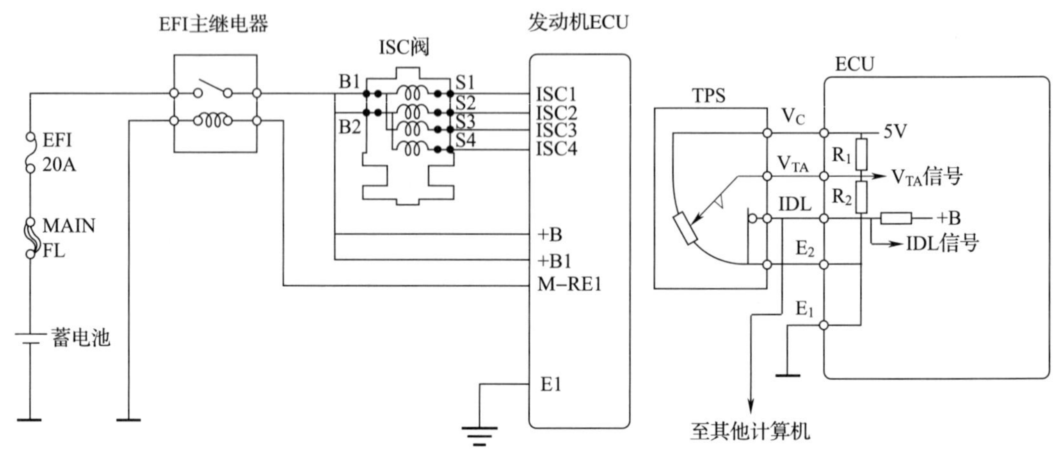

发动机怠速系统电路图

（1）检查____________________

（2）检查____________________

（3）检查____________________

（4）检查____________________

（5）检查____________________

（6）检查____________________

（7）检查____________________

（8）检查____________________

（9）检查____________________

（10）检查____________________

（11）检查____________________

（12）检查____________________

（13）检查____________________

（14）检查____________________

（15）检查____________________

七、总结与思考

1. 发动机怠速过高故障是由哪些原因造成的?

2. 发动机怠速过低故障是由哪些原因造成的?

3. 燃油压力对发动机怠速有哪些影响? 为什么?

学习活动 3　故障诊断与排除

学习目标

1. 能正确进行节气门位置传感器及怠速控制系统的基本检查。

2. 能根据所制订的维修方案，进行发动机怠速抖动故障的检修。

3. 作业过程中遵守安全操作规范及 5S 管理要求。

4. 能在作业过程中自我检查贯彻的情况，做好过程记录。

建议学时：24 学时

学习过程

一、节气门位置传感器的检查

1. 检查开关量输出型节气门位置传感器

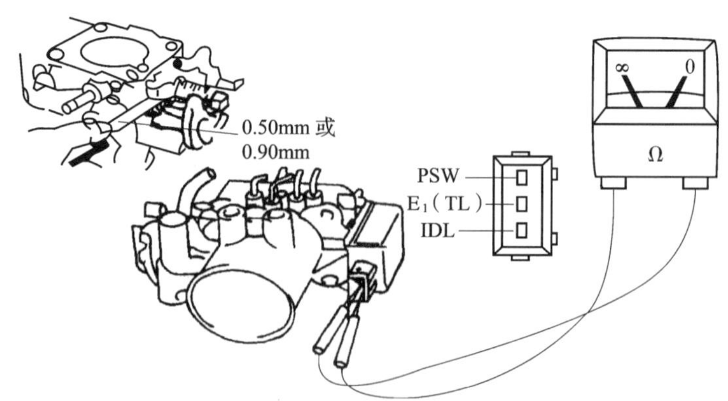

开关量输出型节气门位置传感器的检查

(1) 检查电阻值

限位螺钉和限位杆的间隙	端子		
	IDL—TL	PSW—TL	IDL—PSW
0.5 mm			
0.9 mm			
节气门全开			

(2) 检查传感器线路导通情况

端子	检查结果（用万用表检查）
（传感器端）IDL—IDL（ECU 端）	□导通　　□不导通
（传感器端）TL—TL（ECU 端）	□导通　　□不导通
（传感器端）PSW—PSW（ECU 端）	□导通　　□不导通

2. 检查线性节气门位置传感器

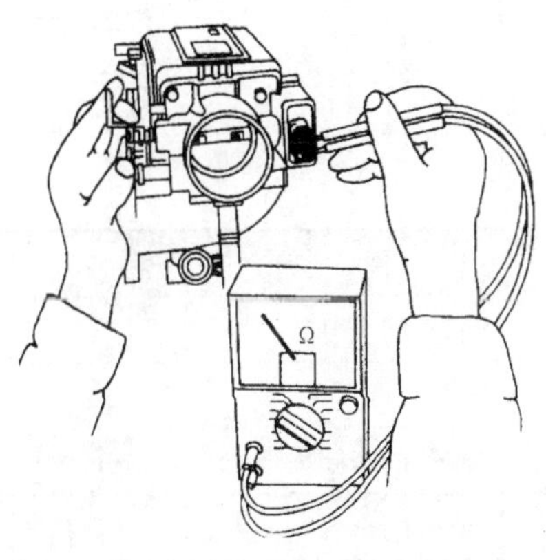

线性节气门位置传感器的检查

(1) 检查电阻值

限位螺钉与限位杆的间隙	端子名称	电阻值（kΩ）
0 mm	VTA—E2	
0.45 mm	IDL—E2	
0.55 mm	IDL—E2	
节气门全开	VTA—E2	
—	VC—E2	

（2）检查传感器线路导通情况

端子	检查结果（用万用表检查）
（传感器端）VC—VC（ECU 端）	□导通　　□不导通
（传感器端）VTA—VTA（ECU 端）	□导通　　□不导通
（传感器端）IDL—IDL（ECU 端）	□导通　　□不导通
（传感器端）E2—E2（ECU 端）	□导通　　□不导通

3．检查节气门位置传感器的电压值

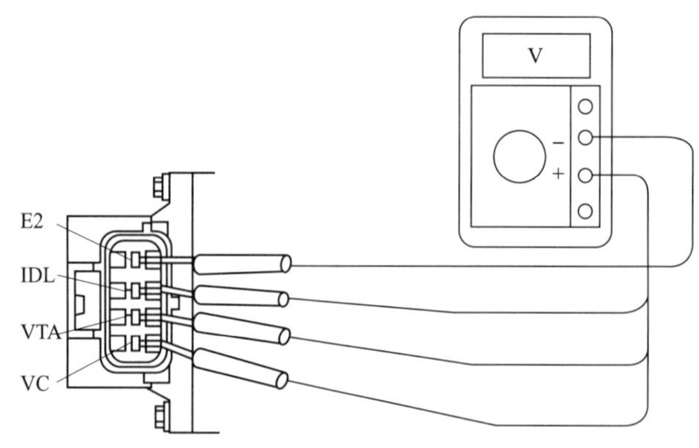

节气门位置传感器的检查

把实测标准值填入下表。

端子	条件	标准电压（V）
IDL—E2	节气门全开	
VC—E2	—	
VTA—E2	节气门全闭	
	节气门全开	

小提示：

节气门位置传感器的常见故障及对发动机的影响

故障部位	对汽油喷射系统的影响	对发动机的影响
怠速触点接触不良	无怠速信号	怠速不稳或无怠速
电位计电阻值不准确	节气门开度信号不正确	发动机加速性能不良
电位计可动触点接触不良	节气门开度信号时通时断	发动机加速性能时好时坏

二、怠速控制系统的检查

1. 怠速控制系统的就车检测

（1）发动机运转状况检测

在冷车状态下起动发动机后，暖机过程开始时，发动机的怠速转速应能达到规定的快怠速转速，一般为__________r/min；在发动机达到正常工作温度后，怠速转速应能恢复正常，一般为__________r/min；如不符合上述规定则视为怠速系统存在______________。

发动机达到正常工作温度后，在打开空调开关时，发动机怠速转速应能____________。若打开空调开关后发动机转速____________，则怠速控制系统存在故障。

（2）怠速控制阀的工作状况检查

1）对于脉冲平动电磁阀式怠速控制阀，可在发动机怠速运转中拔下怠速控制阀线束连接器，观察发动机的转速是否有变化。若发动机转速有变化，则怠速控制阀工作____________。

2）对于步进电机式怠速控制阀，可在发动机熄火后的一瞬间倾听怠速控制阀是否有"________"的工作声，步进电动机的功用是：_______________________________________ ___________________________。为进一步检查其是否工作正常，可用检查平动电磁阀式怠速控制阀的方法进行检查。

（3）ECU 控制电压检测

对于脉冲平动电磁阀式怠速控制阀的线束连接器，用万用表检查其端子电压，应有脉冲电压；对于步进电机式怠速控制阀，将点火开关置于"NO"位置，然后检查 ECU 的端子 ISC1、ISC2、ISC3、ISC4 与端子 E1 之间的电压应为____________________。

2. 怠速控制阀的检测

（1）检查脉冲平动电磁阀式怠速控制阀的电阻：它只有一组线圈，用万用表检查其电阻值为______________Ω。

（2）检查步进电机式怠速控制阀的电阻，把检测结果填入下表。

端子	电阻值（Ω）
B1—ISC1	
B1—ISC2	
B1—ISC3	
B1—ISC4	

为进一步检查步进电机式怠速控制阀的好坏，可按下图操作进行通电测试，若阀芯能正常伸出及缩回，则说明其是正常的。

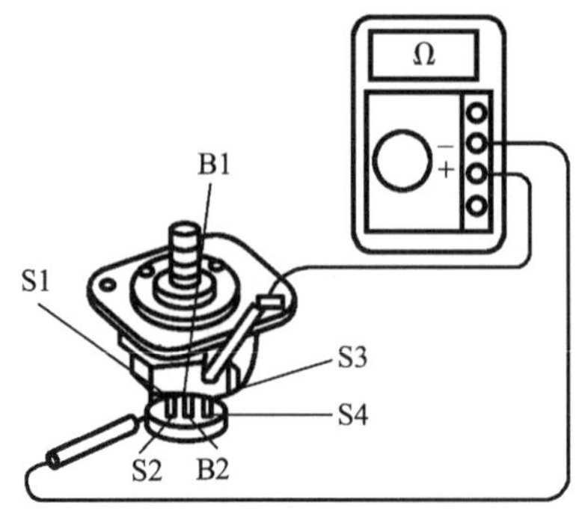

检查步进电机式怠速控制阀的电阻

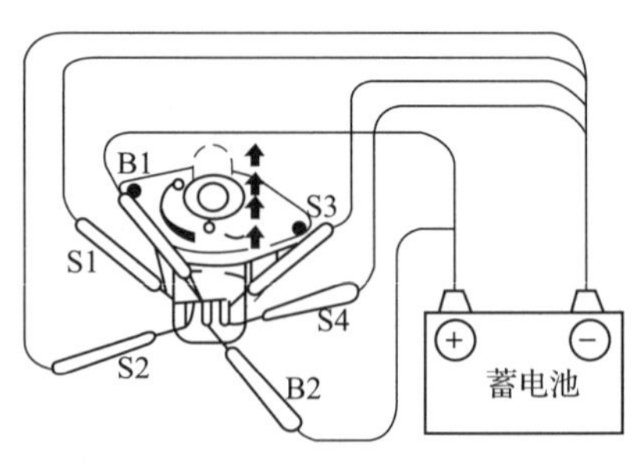

通电测试

小提示：

将步进电动机连接器端子 B1 和 B2 与蓄电池正极相连，然后依次将 S1—S2—S3—S4 与蓄电池负极相连，此时步进电动机阀芯向外伸出；若依次将 S4—S3—S2—S1 与蓄电池负极相连，此时步进电动机阀芯应缩回。

3．线路导通情况的检查

将检查结果填入下表。

端子	检查结果（用万用表检查）
（传感器端）B1—B1（ECU 端）	□导通　　□不导通
（传感器端）ISC1—ISC1（ECU 端）	□导通　　□不导通
（传感器端）ISC2—ISC2（ECU 端）	□导通　　□不导通
（传感器端）ISC3—ISC3（ECU 端）	□导通　　□不导通
（传感器端）ISC4—ISC4（ECU 端）	□导通　　□不导通

4．加速踏板位置传感器的检查

（1）检查加速踏板位置传感器的电阻

端子	测量结果（Ω）
EP2—VCP2	
EP2—VPA2	
EP1—VCP1	
EP1—VPA1	

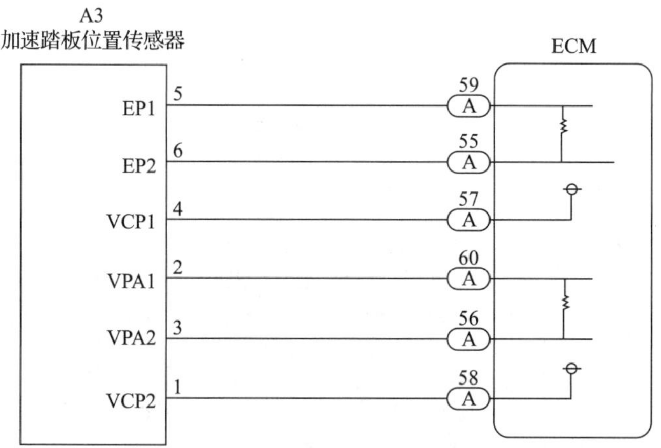

加速踏板位置传感器电路

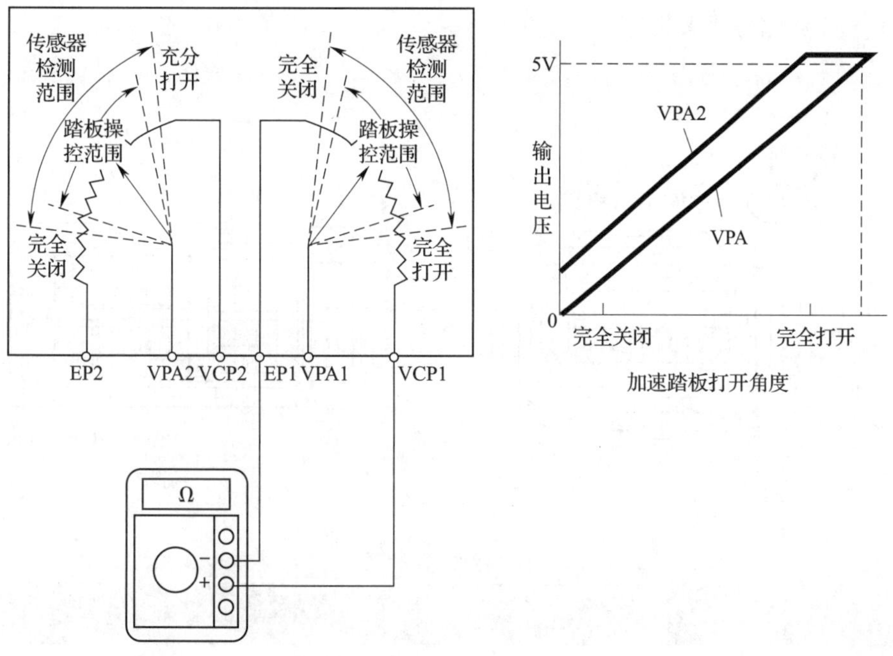

加速踏板位置传感器电阻的检查

（2）检查加速踏板位置传感器电压

端子	检查结果（V）
EP2—VCP2	
EP2—VPA2	
EP1—VCP1	
EP1—VPA1	

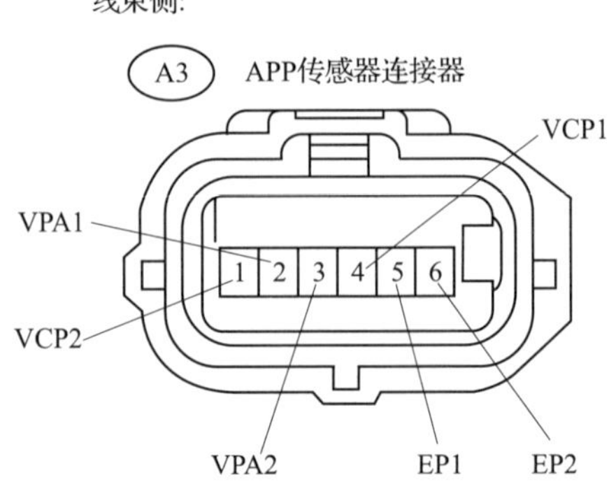

加速踏板位置传感器电压的检查

（3）检查线路导通情况

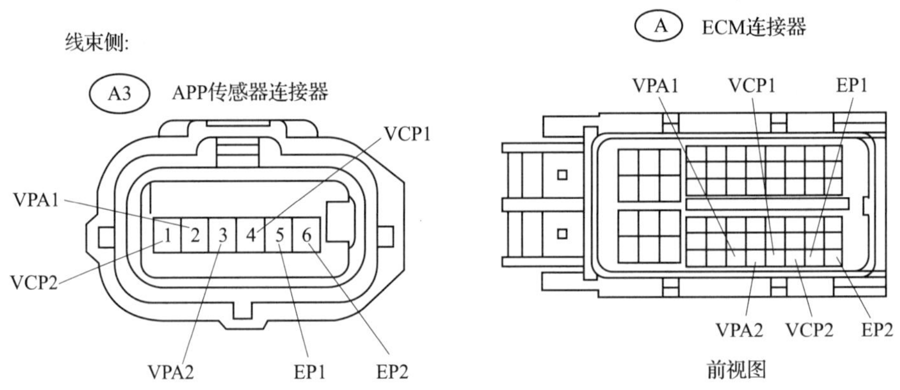

线路导通情况检查

端子	检查结果（用万用表检查）
（传感器端）VCP2—VCP2（ECU 端）	□导通　　□不导通
（传感器端）EP2—EP2（ECU 端）	□导通　　□不导通
（传感器端）VPA2—VPA2（ECU 端）	□导通　　□不导通
（传感器端）VCP1—VCP1（ECU 端）	□导通　　□不导通
（传感器端）EP1—EP1（ECU 端）	□导通　　□不导通
（传感器端）VPA1—VPA1（ECU 端）	□导通　　□不导通

三、发动机怠速抖动故障诊断流程

1．对照下图，描述故障诊断流程。

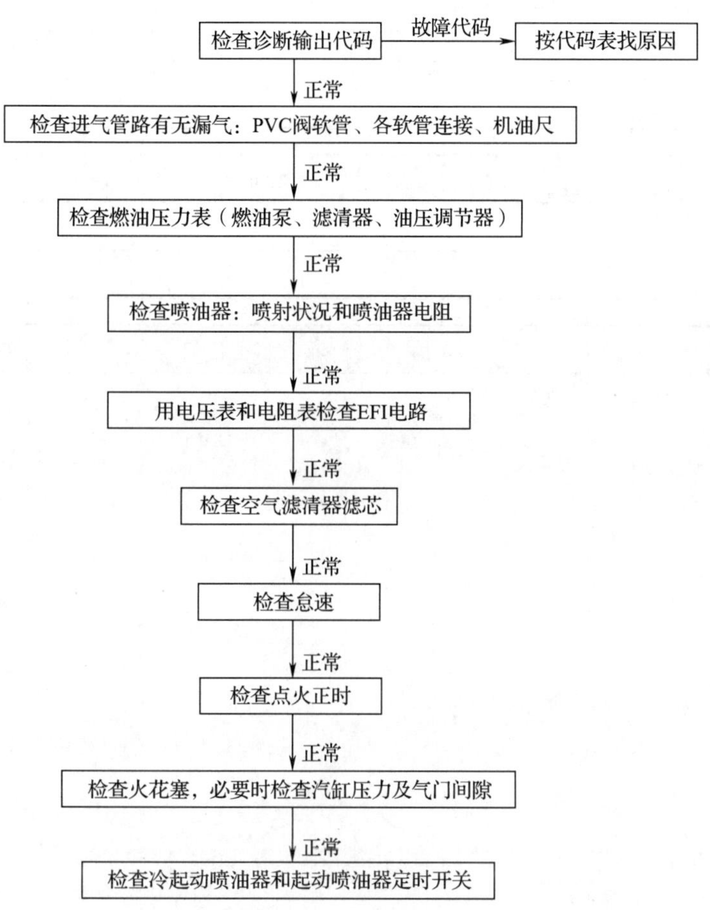

2．对照下图，描述故障诊断流程。

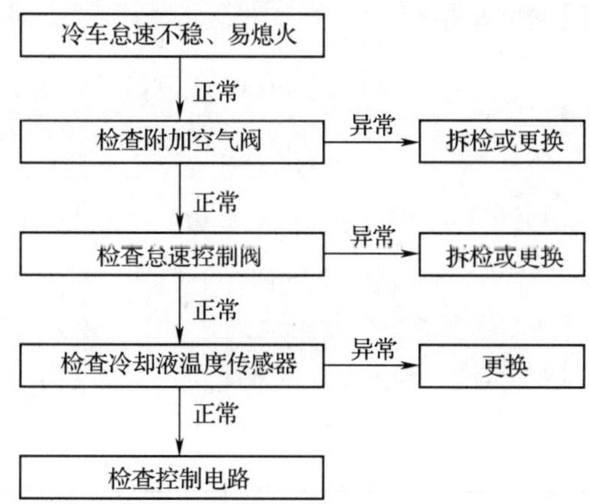

3. 填写故障诊断作业记录表。

故障诊断作业记录表

班级__________　　　姓名__________

整车型号		发动机型号	
车辆识别码			

项目	作业记录
1. 前期准备	
2. 安全检查	

发动机无法起动	作业记录
故障诊断	1. 故障代码：______ 2. 大致故障方位描述： 3. 部件测试情况：
故障排除	1. 故障点描述： 2. 维修措施：

学习活动4 竣工检验与评价

学习目标

1. 能查阅维修手册，检验发动机怠速抖动故障的排除情况。

2. 能以小组为单位进行故障维修成果展示。

3. 能进行自我评价与反馈，发现工作中的问题并改进。

4. 能总结和归纳排除故障过程中的宝贵经验。

建议学时：4 学时

学习过程

一、检查故障排除情况

1. 按照下表内容检查故障排除情况，写出步骤、方法、验证结果及个人心得体会。

检查项目	步骤和方法	验证结果
发动机怠速是否抖动		
故障灯是否点亮		
发动机是否有故障码		
发动机运转情况		

续表

检查项目	步骤和方法	验证结果
传感器情况		
ECU 和执行器情况		
路试情况		
个人心得体会		
教师评价		

2. 确认故障已经排除后，写出引起该故障的可能原因。

3. 维修作业完成后，应该对维修车辆发动机怠速进行哪些质量测试？评定依据是什么？

4. 如果需要进行维修费用评估，判断该维修项目费用评估所需要的时间是多少？维修费用是多少？有没有哪些方面能做到资源的节省与环保？

5．填写出厂检验单。

出厂检验单

牌照号		出厂日期		业务员	

发动机部分				
机油压力		油液面		
各种工况是否良好		各部有无渗漏		
尾气排放		怠速		高速	
	CO（%）				
	HC（ppm）				
	氮氧化物				
	结果				

传动部分		
手动变速箱	离合器自由行程：	
	离合器分离情况：	
自动变速箱		
有无渗漏：		
换挡情况：		
油面情况：		油质情况：
传动轴胶套：		有无异响：

转向悬挂系统					
	方向机是否有异响：		皮套状况：		
	转向拉杆情况：				
	液压系统是否漏油		油面		
	直接行驶是否跑偏		油质		
	悬挂系统是否正常：				
	四轮定位检测记录				
		前轮		后轮	
	外倾角	左	右	左	右
	单轮束	左	右	左	右
	后倾角	左	右		

制动系统		
	制动管路有无渗漏：	
路试情况	制动距离：　m	
	在 2.5 m 宽车道内跑偏情况：	
	20% 坡道驻车制动情况：	
	有无刹车异响：	

空调系统		
	低压： bar	高压： bar
	出风口温度：	有无渗漏：
	压缩机运转：	鼓风机运转：
	冷却风扇运转情况：	

电器系统					
	前照灯检测记录				
	发光强度	左		右	
	光照位置	左		右	
	灯光、信号是否齐全				
	各用电设备是否正常				

检验结论：
检验员：　主修人：　日期：
用户签字：

质量保证期：

按国家及各企业标准施行

二、总结与评价

1．总结经验。在检查、分析、判断和故障排除过程中，是否走了弯路或有重复动作，今后排除故障时如何才能快速、准确地找到并排除故障，做到事半功倍？

项目名称	原因	改进措施
多余的步骤		
重复的动作		
遗漏的项目		
总结		

2. 合理建议。根据故障诊断与排除情况，推断车主的驾驶习惯、日常维护缺陷以及由此引起的车辆损伤情况等，向客户建议合理的使用方法和日常维护方法，并填写下表。

项目名称	不正确的操作/方法	建议
驾驶和操作		
维护和保养		
其他		

3. 填写任务评价表。

班级： 组别： 姓名：

项目	评价内容	评价等级（学生自评）		
		A	B	C
关键能力考核项目	遵守纪律，遵守学习场所管理规定，服从安排			
	安全意识、责任意识、5S 管理意识，注重节约、节能与环保			

续表

项目	评价内容	评价等级（学生自评）		
		A	B	C
关键能力考核项目	学习态度积极主动，能参加实习安排的活动			
	有团队合作意识，注重沟通，能自主学习及相互协作			
	仪容仪表符合活动要求			
专业能力考核项目	按时按要求独立完成工作页			
	工具、设备选择得当，使用符合技术要求			
	操作规范，符合要求			
	学习准备充分、齐全			
	注重工作效率与工作质量			
小组评语及建议		组长签名： 年　月　日		
教师评语及建议		教师签名： 年　月　日		

学习任务二评价表

班级：__________　　姓名：__________　　学号：__________

项目	自我评价			小组评价			教师评价		
	10 ~ 9	8 ~ 6	5 ~ 1	10 ~ 9	8 ~ 6	5 ~ 1	10 ~ 9	8 ~ 6	5 ~ 1
	占总评 10%			占总评 30%			占总评 60%		
学习活动 1									
学习活动 2									
学习活动 3									
学习活动 4									
协作精神									
纪律观念									
表达能力									
工作态度									
安全意识									
任务总体表现									
小计									
总评									

任课教师：________　　年　　月　　日

学习任务三　发动机加速不良故障诊断与排除

学习目标

1. 能根据故障现象进行故障分析，判断发动机加速不良的故障点。
2. 能查阅相关资料，制订故障诊断流程。
3. 能利用检测设备规范地检测和排除故障。
4. 能对检测数据进行记录、分析、判断，并最终排除故障。
5. 能进行团队成员的有效沟通与协同作业。
6. 能根据5S管理规定进行现场操作。

建议学时

60学时

工作情境描述

一辆丰田卡罗拉GL1.6AT轿车被拖到维修站，驾驶员反映发动机起动、怠速都正常，但加速不畅，要求维修站对故障进行诊断与排除。经维修技师检查发现，汽车加速不良并伴有喘振现象。现需要对相关部件进行检查，根据维修手册要求，在规定时间（参照维修资料）内完成汽车发动机故障诊断与排除，完成后交付班组长验收。

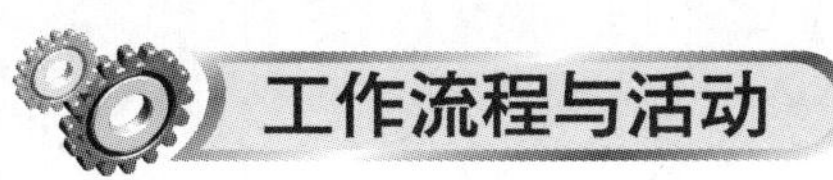

工作流程与活动

学习活动1　任务分析及检查

学习活动 2　加速不良数据检测与分析

学习活动 3　维修方案制订

学习活动 4　故障诊断与排除

学习活动 5　竣工检验与评价

学习活动1　任务分析及检查

学习目标

1. 能对发动机加速不良故障进行初步分析，确定故障点。

2. 能试车感知发动机加速不良和喘振现象。

3. 能参照维修手册，对发动机加速不良故障进行基本检查。

建议学时：4 学时

学习过程

一、填写车辆基本信息

模拟客服人员接车，并填写接车单。

××汽车维修服务有限公司接车单

客户姓名		联系地址			
客户联系电话		车牌号		接车日期	
车　型		车辆 VIN 码			
里程数		发动机型号			
用户描述的故障现象					
服务顾问诊断得出初步意见					

续表

<table>
<tr><td>服务顾问的建议</td><td colspan="3"></td></tr>
<tr><td colspan="2">功能确认：（正常√　不正常×）
□音响系统　□点烟器
□中央门锁　□后视镜
□天窗　□四门玻璃升降</td><td colspan="2" rowspan="2">外观确认：
（如有损伤，在相应部位作标记）</td></tr>
<tr><td colspan="2" rowspan="2">油量确认：
F
E</td></tr>
<tr><td colspan="2">物品确认：（有√　无×）
□随车工具　□千斤顶
□贵重物品已提醒用户带离车辆
□备胎　□灭火器
□其他（　　　　）</td></tr>
<tr><td>服务顾问提醒</td><td colspan="3">①本次检查出的故障如在本站维修，检查工费不另收取；如不在本站维修，则检查工费应由用户支付，本次检查工费为：￥______元。
②维修旧件处理：□用户要求带走　□用户选择不带。
③本站已提醒用户将车内贵重物品带离车辆并妥善保管,如有丢失恕与本站无关。</td></tr>
<tr><td>服务顾问</td><td></td><td>用户确认</td><td></td></tr>
</table>

二、故障分析

1. 作为维修人员，了解车辆的故障情况，获得第一手资料是非常重要的。驾驶员是车辆的直接操作者，对故障产生的时间、状态，出现故障前后车辆性能变化情况，车辆的维护情况等最有发言权。模拟车主与接车维修人员，填写下表内容。

项目	问题	答案
车辆基本信息	牌照号码	
	整车型号	
	车身代码 VIN	
	生产年款	
	发动机型号	
	变速器型号	
	行驶里程	
用户基本情况	客户姓名	
	性别	
	年龄	
	职业	
	经常行驶的道路条件 经常使用的车速 发动机转速及挡位模式 经常加注的燃油型号	
	驾驶习惯：超车/停车/暖车/夜驶/制动/转向/加减挡/油离配合等	
故障与维护情况	故障症状及发生日期	
	怎样产生的	
	故障前后性能变化	
	处理及维护情况	
	车辆年检 车辆事故纪录	
	机油牌号 添加剂使用	
起动车辆，验证故障	空载加速不良情况 空调开/关的影响 路试加速不良情况	

2. 查阅相关资料，写出发动机加速不良故障的可能原因。

三、基本检查

按照下表所列检查内容进行基本检查，将检查结果填写在下表中。

检查项目	图例	检查情况
1. 车辆安全		车轮挡块 □ 尾气抽排管 □ 变速杆挡位______挡 手制动______响
2. 车内防护		转向盘套 □ 座椅套 □ 地板垫 □ 变速杆套 □
3. 车内检查		起动性 □ 故障指示灯情况________ 怠速及平稳性 □ 缓加速（低速/中速/高速） □ 缓减速（低速/中速/高速） □ 急加速（低速/中速/高速） □ 急减速（低速/中速/高速） □ 油门（1/4，1/2，3/4，4/4） □

续表

检查项目	图例	检查情况
4. 解码器检查		故障代码　有□　无□ 代码号及内容：
5. 车外防护		前隔栅布面　□ 左翼子板布　□ 右翼子板布　□
6. 五油三水检查		机油　□ 变速器油　□ 助力泵油　□ 离合器油　□ 制动液　□ 冷却液　□ 玻璃水　□ 蓄电池液　□
7. 蓄电池检查	12 V	蓄电池电压：静态电压______V 起动电压降____V 充电电压表____V 极桩　□ 正负极线　□

续表

检查项目	图例	检查情况
8. 导线及插头检查		线束松动 有□ 无□ 插头脱落 有□ 无□
9. 油管、水管检查		漏水 有□ 无□ 漏油 有□ 无□
10. 进气管道检查		空滤器滤芯 好□ 坏□ 进气管破损 有□ 无□ 松动漏气 有□ 无□
11. 车辆举升		锁止情况 □

续表

检查项目	图例	检查情况
12. 油路检查	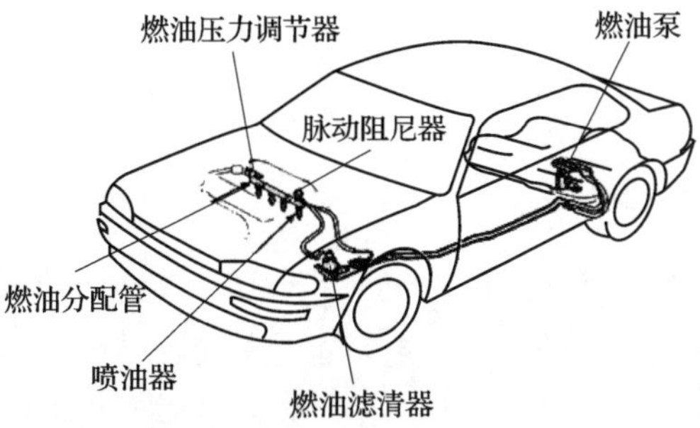 燃油压力调节器 燃油泵 脉动阻尼器 燃油分配管 喷油器 燃油滤清器	燃油滤芯　好□　坏□ 燃油管破损　有□　无□ 松动漏油　有□　无□
13. 排气检查	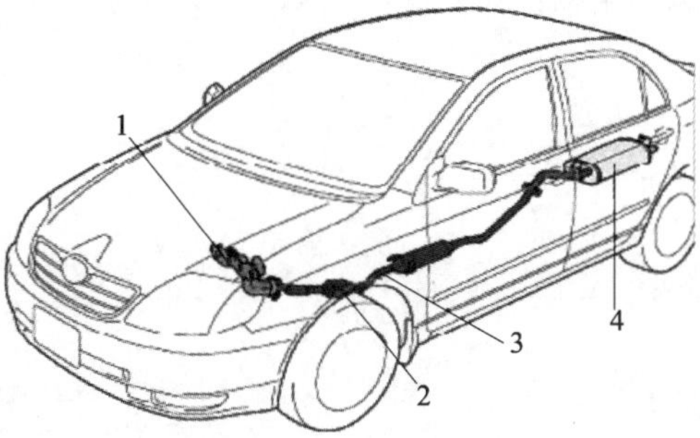 1 2 3 4	排气管破损　有□　无□ 松动漏气　有□　无□ 排气阻塞　有□　无□
14. 复位	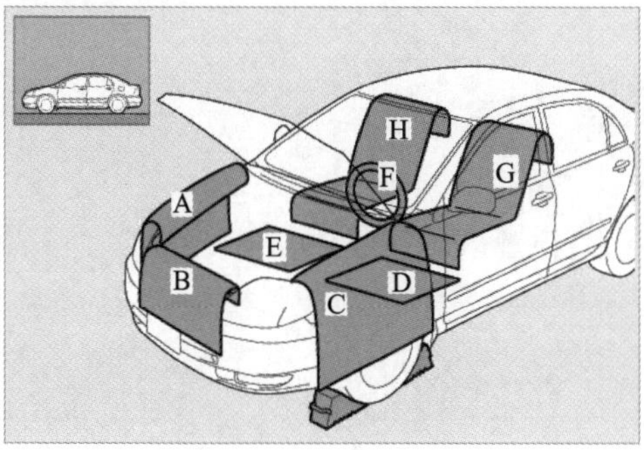 H G F A E B D C	车辆复位　□ 车轮挡块　□ 尾气抽排管　□ 变速杆挡位　□ 手制动　□

四、总结与思考

1．描述实训车辆发动机加速不良、喘振等故障现象。

2．对照两种不同电控发动机的实训车辆，比较发动机进气、燃油、控制系统在组成上有何异同?

学习活动2　加速不良数据检测与分析

学习目标

1. 能正确使用解码器和示波器等仪器，进行读取故障码、定格数据帧、清除故障码、检测数据流、测试元件动作、检测示波器波形等操作。

2. 能分析和判断解码器数据和波形，查找故障原因。

3. 能在作业过程中自我检查贯彻的情况，做好过程记录。

建议学时：20学时

学习过程

一、发动机加速不良故障检测

1. 故障码、数据流及元件动作检测

用故障诊断仪进行数据检测是分析判断故障原因的重要手段和必要条件。因故障诊断仪型号多样，使用车型各异，现以KT600、丰田卡罗拉GL1.6AT轿车为例，列出了数据检测的方法和步骤。根据实训车辆和解码器，参照以下检查步骤及图例，完成数据检测，补充表格内容。

检测项目及步骤	图例	实训车操作步骤
1. 选择解码器	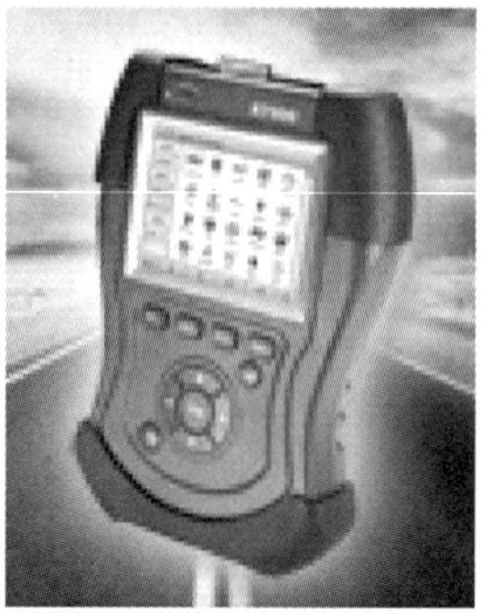	解码器型号： ________
2. 诊断座（DLC）位置	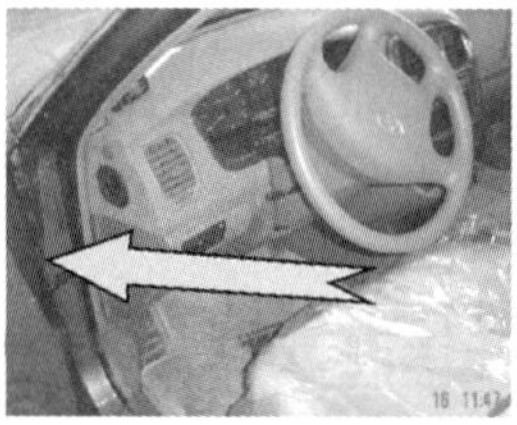 	实训车型： ________ DLC 位置： ________
3. 解码器连接与开机		注意事项： 插入接头→打开点火开关→起动发动机→打开解码器电源开关
4. 进入开机界面，选择“汽车诊断”进入下一步	 KINGTEC Automotive Diagnostic System 汽车诊断 系统设置 示波分析仪 辅助功能	

续表

检测项目及步骤	图例	实训车操作步骤
5. 选“日本车系”	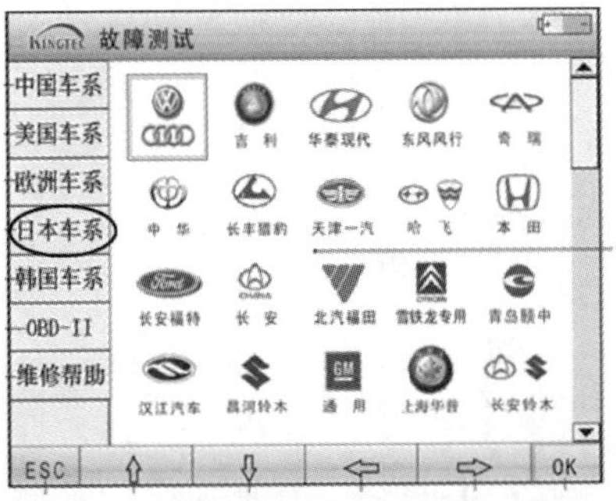	
6. 选“丰田车系”	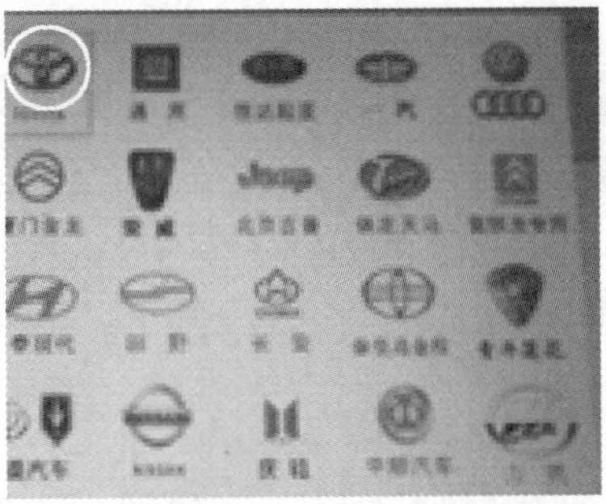	
7. 选“卡罗拉车型”		
8. 选“发动机”系统		

续表

检测项目及步骤	图例	实训车操作步骤
9. 进入“功能界面”，选“读取故障码”	 读取故障码 历史故障码 清除故障码 读数据流 动作测试 电脑版本信息 冻结帧数据 工作支持	
10. 显示包含历史和现在的故障码，选“打印”	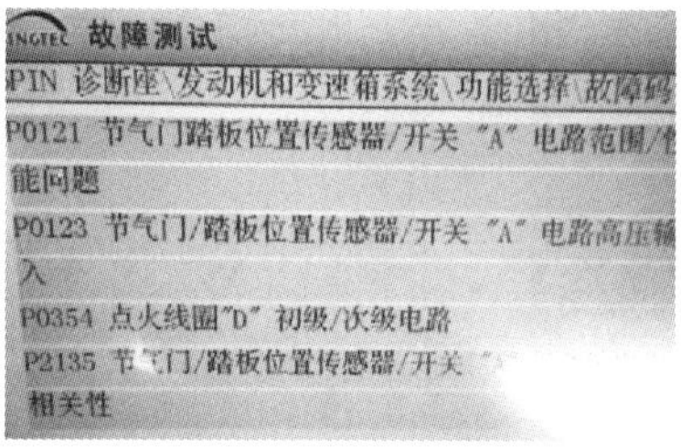 故障测试 PIN 诊断座\发动机和变速箱系统\功能选择\故障码 P0121 节气门踏板位置传感器/开关 "A" 电路范围/性能问题 P0123 节气门/踏板位置传感器/开关 "A" 电路高压输入 P0354 点火线圈"D" 初级/次级电路 P2135 节气门/踏板位置传感器/开关 相关性	
11. 返回功能界面，选“冻结帧数据”（故障发生时的数据帧内容）	 读取故障码 历史故障码 清除故障码 读数据流 动作测试 电脑版本信息 冻结帧数据 工作支持	
12. 打印“冻结帧数据”	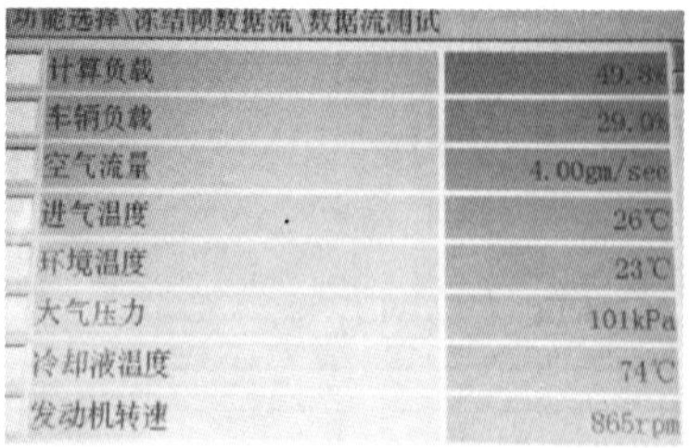 功能选择\冻结帧数据流\数据流测试 计算负载 49.8% 车辆负载 29.0% 空气流量 4.00gm/sec 进气温度 26℃ 环境温度 23℃ 大气压力 101kPa 冷却液温度 74℃ 发动机转速 865rpm	

续表

检测项目及步骤	图例	实训车操作步骤
13. 返回功能界面，选“清除故障码”		
14. 清除历史故障代码	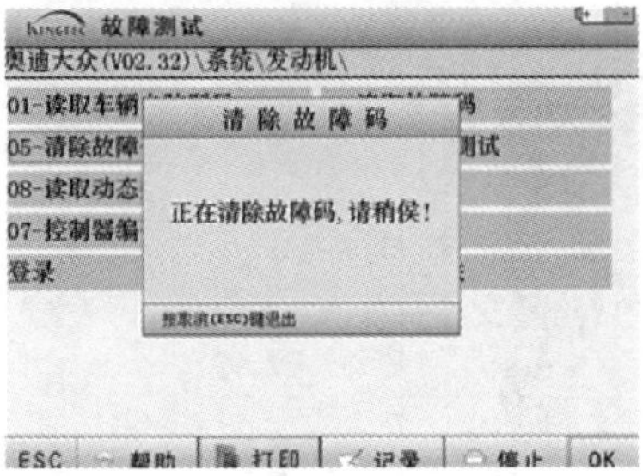	
15. 返回功能界面，再次选“读取故障码”		
16. 显示现在真实存在的故障码，选“打印”	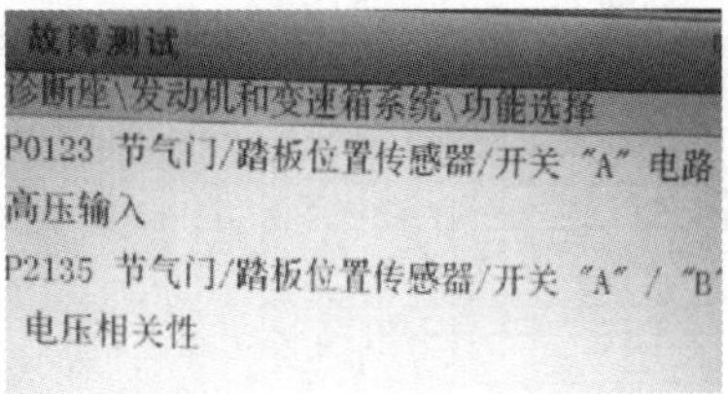	

续表

检测项目及步骤	图例	实训车操作步骤
17. 返回功能界面，选“读数据流”		
18. 根据故障码和故障现象，针对性选择检测项目，保存并打印怠速时的数据流	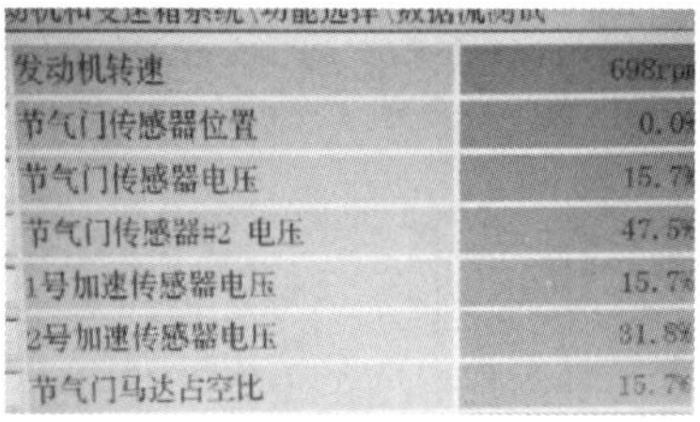	
19. 保存并打印中速时的数据流	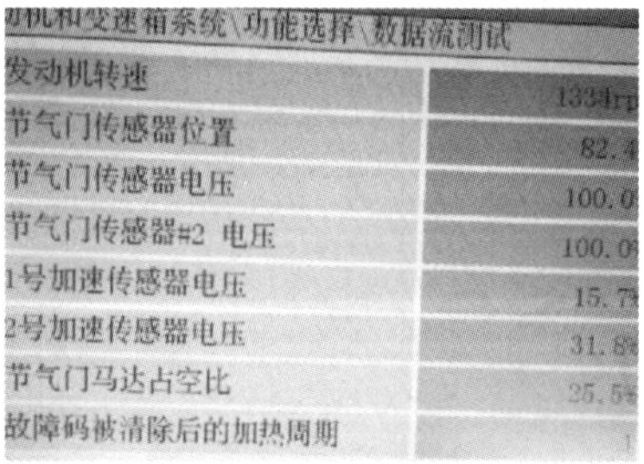	
20. 保存并打印高速时的数据流		

续表

检测项目及步骤	图例	实训车操作步骤
21．返回功能界面，选执行元件“动作测试”	 读取故障码 历史故障码 清除故障码 读数据流 动作测试 电脑版本信息 冻结帧数据 工作支持	
22．断缸试验	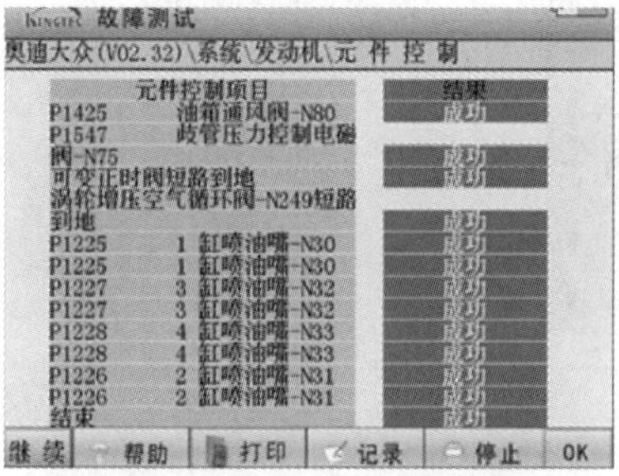 故障测试 奥迪大众(V02.32)\系统\发动机\元件控制 元件控制项目 结果 P1425 油箱通风阀-N80 成功 P1547 岐管压力控制电磁阀-N75 成功 可变正时阀短路到地 成功 涡轮增压空气循环阀-N249短路到地 成功 P1225 1 缸喷油嘴-N30 成功 P1225 1 缸喷油嘴-N30 成功 P1227 3 缸喷油嘴-N32 成功 P1227 3 缸喷油嘴-N32 成功 P1228 4 缸喷油嘴-N33 成功 P1228 4 缸喷油嘴-N33 成功 P1226 2 缸喷油嘴-N31 成功 P1226 2 缸喷油嘴-N31 成功 结束 继续 帮助 打印 记录 停止 OK	
23．返回主界面，关机	 KINGTEC Automotive Diagnostic System 汽车诊断 系统设置 示波分析仪 辅助功能	

结论与分析：

通过故障码检测、数据流检测和元件动作测试，检查出有故障的部件为：

____

有故障的部件表现出的故障现象为：

____

故障原因有：

____

2．波形检测

当通过故障码检测、数据流检测、元件动作测试以后，就能基本确定故障原因了。为了更准确地判断故障，还可以用示波器进行波形的测量。参照以下检查步骤及图例，完成波形检测，补充表格内容。

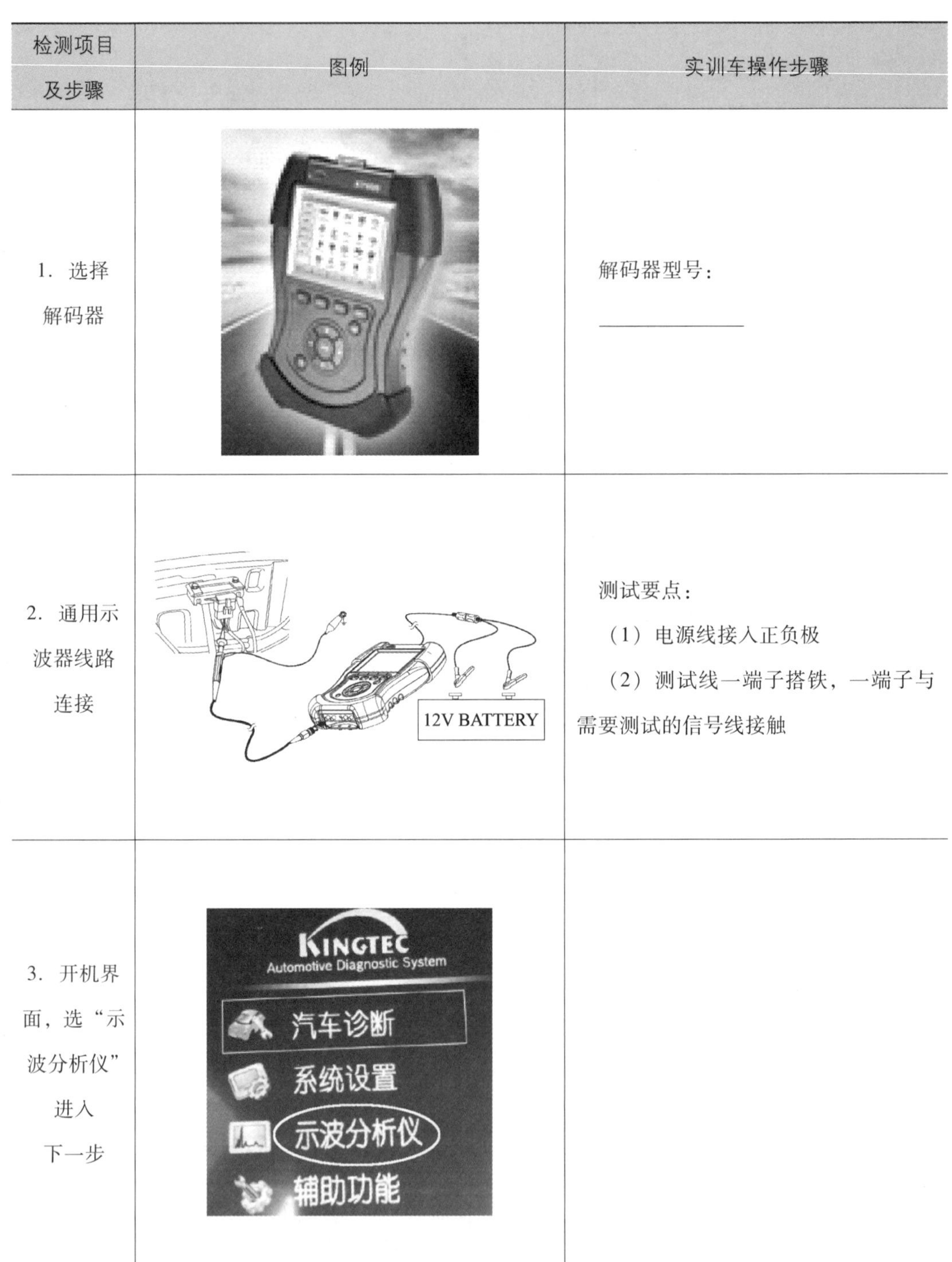

检测项目及步骤	图例	实训车操作步骤
1. 选择解码器		解码器型号： ________
2. 通用示波器线路连接		测试要点： （1）电源线接入正负极 （2）测试线一端子搭铁，一端子与需要测试的信号线接触
3. 开机界面，选“示波分析仪”进入下一步		

续表

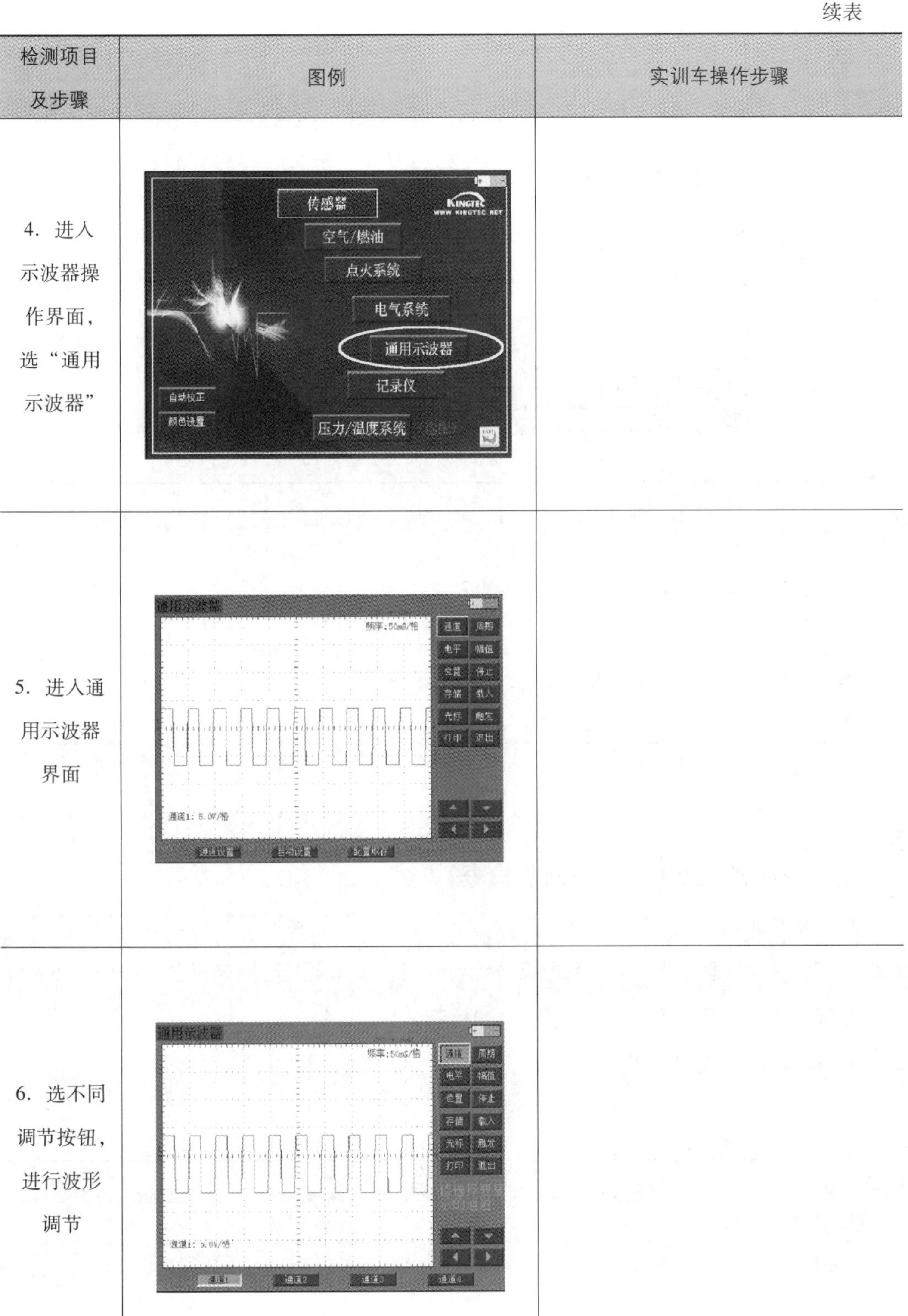

检测项目及步骤	图例	实训车操作步骤
4. 进入示波器操作界面，选“通用示波器”		
5. 进入通用示波器界面		
6. 选不同调节按钮，进行波形调节		

续表

检测项目及步骤	图例	实训车操作步骤
7. 选“保存”按钮，保存波形		

结论与分析：

通过波形检测，检查出有故障的部件为：

____

有故障的部件表现出的故障现象为：

____

故障原因有：

____

二、发动机加速不良故障附加检查

对发动机加速不良故障，如果基本检查正常，同时又没有故障代码，数据和波形不正常时，可结合从驾驶员处了解的情况进行综合分析，如车辆长时间未保养、维修中更换了不合格零部件等，可选择性地进行以下附加检查。

1. 进气系统真空度的检查

（1）查阅维修资料，填写下表内容。

专业术语	定　义
绝对压力	
大气压力	
表压力	
真空度	

（2）测量进气系统真空度，填写下表。

项　　目	实训车
	操作步骤： 1. 2.
汽油发动机在怠速工况，由于节气门的节流作用，怠速时进气歧管内的真空度约为 60 ~ 75 kPa 或 -41.2 ~ -26.2 kPa	怠速：______r/min　____kPa
转速升高，进气歧管内的真空度上升	中速：______r/min　____kPa 高速：______r/min　____kPa
结论及处理： 正常：进行燃油压力测试 不正常：故障排除	结论及处理：

2. 燃油系统压力检查

（1）进行燃油压力检测时，按正确的工序应该首先（　　）。

A. 在将燃油压力表连接到电喷系统上以前，先将管路中的燃油压力卸掉

B. 断开燃油蒸发炭罐管路

C. 将燃油压力表连到电控燃油喷射系统的回流管路上

D. 拆下燃油电喷系统上的燃油管

（2）在拆下燃油系统组件之前，必须先释放燃油系统的压力，正确的方法是（　　）。

A. 在油压快速测试接头端接上燃油压力表，用释压阀释放油压

B. 拔下油泵熔丝，运转发动机进行卸压

C. 通过燃油泵反向电路，把管路燃油泵接回油箱

D. 拧开回油管螺栓，释放油压

(3) 测量燃油表压力、喷油压力，填写下表。

项　　目	实训车
	操作步骤： 1. 2.
燃油压力调节器的作用是保持供油总管内油压与进气歧管压力之差为常数，使喷油量只受通电时间的控制 喷油压力 = 燃油表压力 - 进气歧管压力 = 燃油表压力 + 真空度 一般喷油压力为 0.25 ~ 0.35 MPa	怠速：____r/min 燃油表压力____MPa，喷油压力____MPa 中速：____r/min 燃油表压力____MPa，喷油压力____MPa 高速：____r/min 燃油表压力____MPa，喷油压力____MPa
喷油器电阻的测量	1 缸：____　　2 缸：____ 3 缸：____　　4 缸：____
结论及处理： 正常：进行后续检查 不正常：故障排除	结论及处理：

3. 点火系统检查

查阅维修资料，填写下表内容。

项　　目	实训车
火花塞拆检	拆装操作步骤及工具： 1. 2. 火花塞套筒： 火花塞检查结果：

续表

项　　目	实训车
用万用表检查点火线圈电阻 一次侧电阻：0.36～0.55 Ω（冷） 二次侧电阻：9～13.8 kΩ（冷） 一次侧电阻：0.45～0.65 Ω（热） 二次侧电阻：11.4～15.4 kΩ（热） 高压线电阻小于25 kΩ	点火线圈电阻： 高压线电阻：

三、发动机加速不良的数据分析

数据分析就是通过实测数据与标准数据进行比较，从而查找出产生故障的原因。为了快速判断和找出产生故障的原因，要求掌握汽车常用传感器、执行器的波形和数据特点。对照下表中的图例，绘制出实训车的波形。

项目	图例	实训车波形
1. 节气门位置传感器波形	6 4 2 0 VTA1	
	6 4 2 0 VTA2	
	5V/格 GND 1ms/格 A093274E1　M+	

续表

项目	图例	实训车波形
2. 油门踏板传感器波形	4 2 0 VPA	
	4 2 0 VPA2	
3. 爆震传感器波形	1V/格 GND 1ms/格 A0852	
4. VVT阀波形	5V/格 GND 1ms/格 A093229E11	
5. 喷油器波形	驱动三极管打开，吸起喷射器中的油针开始喷油 由喷射器线圈的磁场衰减所产生的峰值电压 驱动三极管切断，喷油停止 接至喷射器的蓄电池电压（或其他电源） 喷油嘴打开时间	

四、总结与思考

1. 定格数据记录和故障波形在数据分析中有什么作用？在实际操作中有哪些注意事项？

2. “任何一台车的故障码 P0172 都表示相同的意思——混合气过浓”，这句话对吗？故障码 U1105 在任何车型上也都表示相同的意思吗？

3. 用示波器观察奥迪 5 缸发动机的点火周期跨度为 5 格，示波器水平坐标为 5ms/格，垂直坐标为 20V/格，可计算出此时发动机的转速为（　　）。

A. 960 r/min　　B. 800 r/min　　C. 1 080 r/min　　D. 1 200 r/min

学习活动3　维修方案制订

学习目标

1. 能搜集发动机电控系统相关资料，查找故障原因。

2. 能制订发动机加速不良故障的检测与维修方案。

3. 能在作业过程中自我检查贯彻的情况，做好过程记录。

建议学时：20学时

学习过程

一、确定故障原因

1. 查阅维修手册，根据数据流及波形分析，并结合从驾驶员处了解的信息和基本检查情况，小组讨论确定发动机加速不良的故障原因。

项目及步骤	故障现象/部位	故障原因
1. 从维修手册收集的信息	燃油管路漏油 燃油泵压力不足 偶然失火 VVT阀故障 空气流量计故障 节气门体故障 电子油门故障 爆震传感器故障	

续表

项目及步骤	故障现象/部位	故障原因
2. 从驾驶员处了解的信息	无特别原因	
3. 基本检查情况	基本检查正常 进气真空度正常 燃油压力正常 火花塞、点火线圈正常	
4. 数据流及波形分析后的结论	VVT 阀故障 空气流量计故障 节气门体故障 电子油门故障 爆震传感器故障	

2. 参照下列图例，收集实训车型发动机加速不良故障诊断与维修的相关资料。

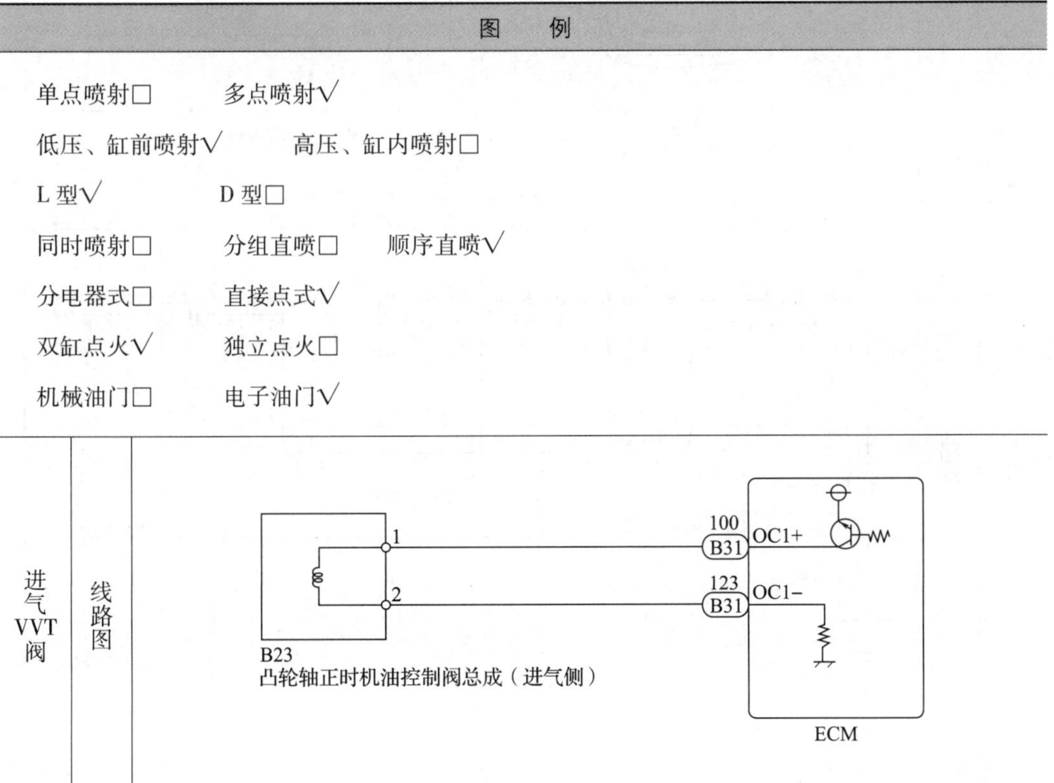

图　　例		
单点喷射□　　多点喷射√ 低压、缸前喷射√　　高压、缸内喷射□ L 型√　　D 型□ 同时喷射□　　分组直喷□　　顺序直喷√ 分电器式□　　直接点式√ 双缸点火√　　独立点火□ 机械油门□　　电子油门√		
进气 VVT 阀	线路图	

续表

图 例
进气VVT阀
插头
B23
1
2
传感器
规定状态
6.9至7.9Ω
排气VVT阀
线路图
1
2
60
B31
OE1+
61
B31
OE1−
B22
凸轮轴正时机油控制阀总成（排气侧）
ECM
插头
B22
1
2
传感器
规定状态
6.9至7.9Ω
空气流量计
线路图
EF1 MAIN
P/I
FL MAIN
蓄电池
EFI MAIN
EF1 No.1
3
+B
VG
5
E2G
4
B2
质量空气流量计
118
B31
VG
116
B31
E2G
44
A50
MREL
ECM

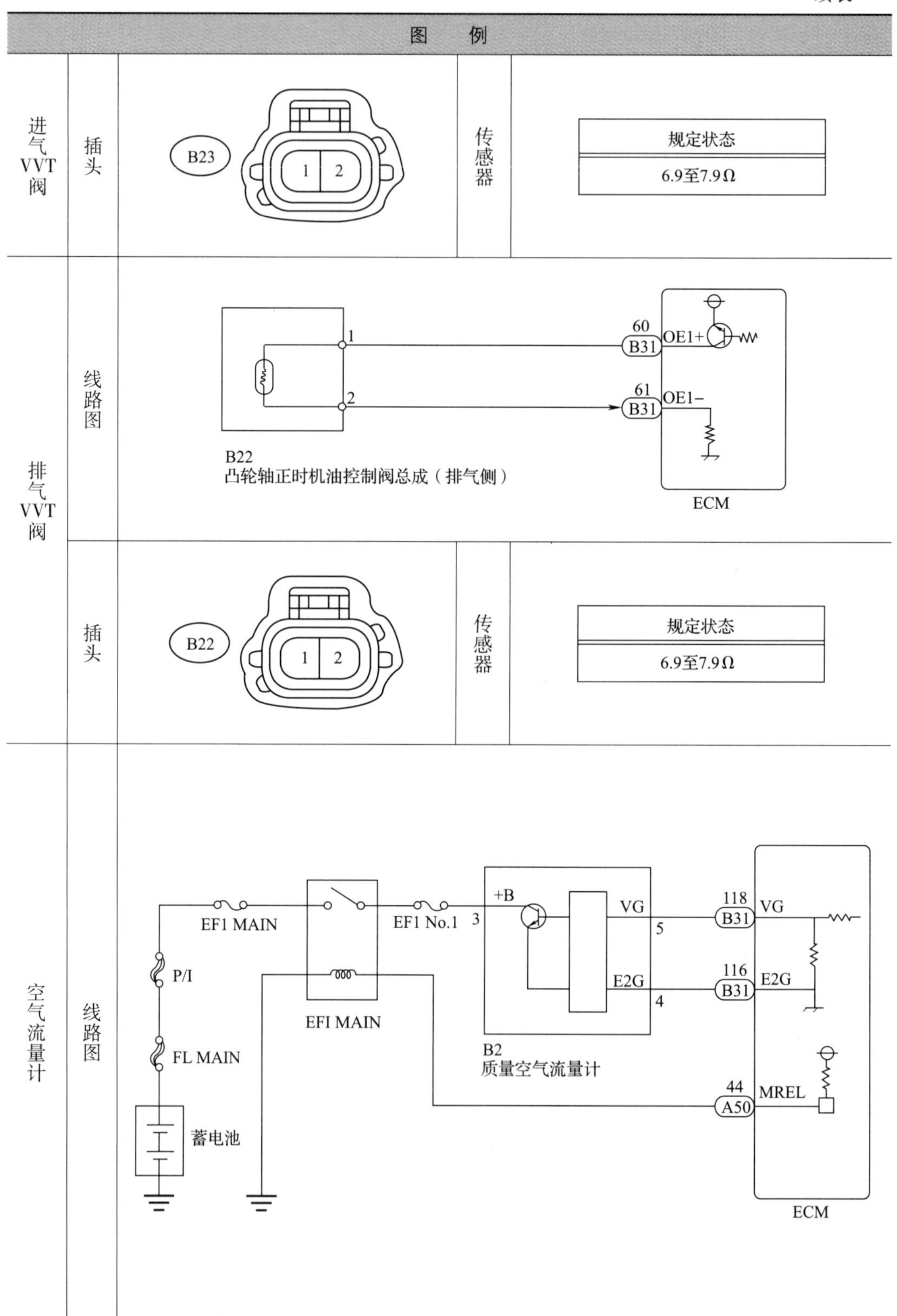

续表

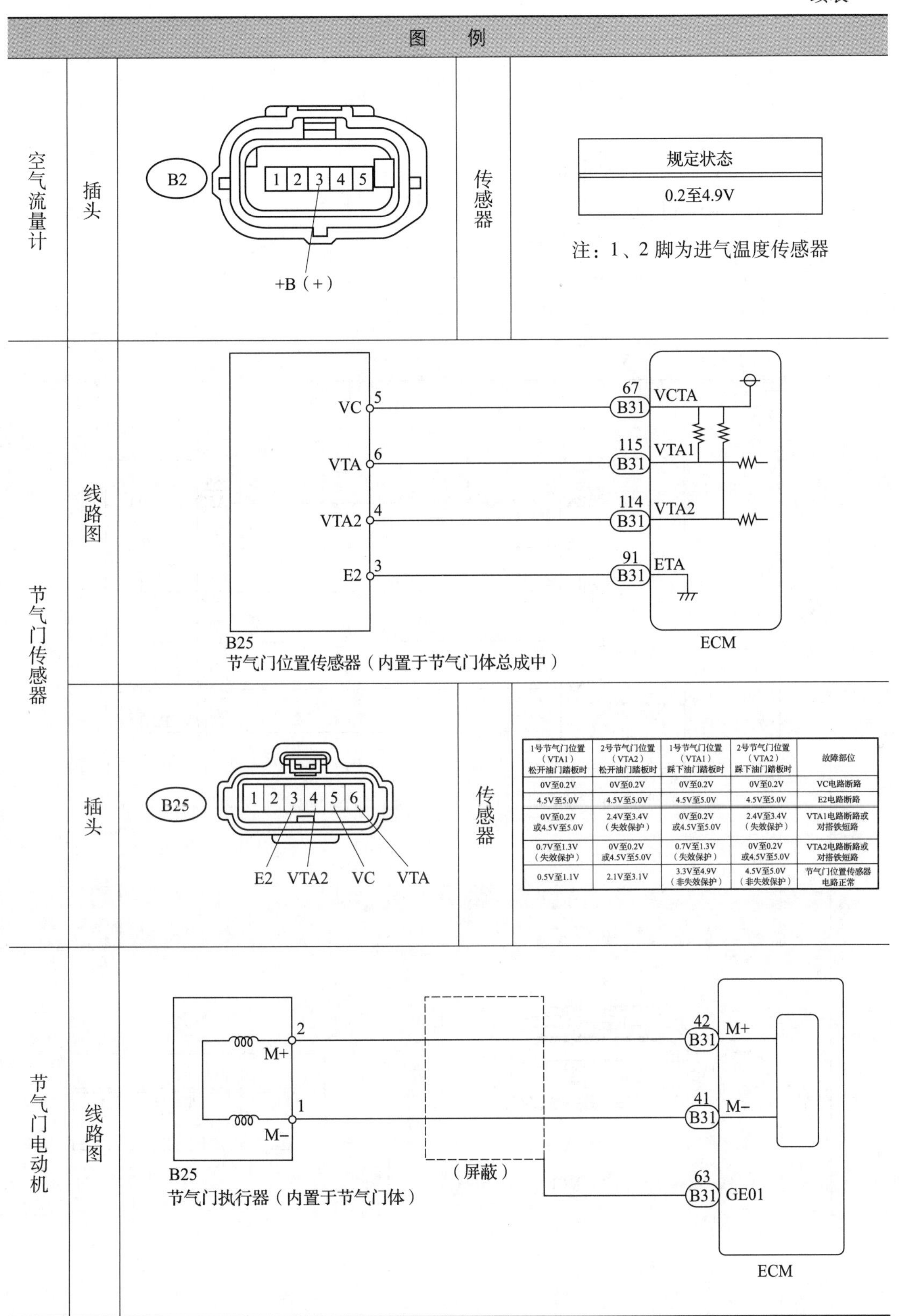

1号节气门位置（VTA1）松开油门踏板时	2号节气门位置（VTA2）松开油门踏板时	1号节气门位置（VTA1）踩下油门踏板时	2号节气门位置（VTA2）踩下油门踏板时	故障部位
0V至0.2V	0V至0.2V	0V至0.2V	0V至0.2V	VC电路断路
4.5V至5.0V	4.5V至5.0V	4.5V至5.0V	4.5V至5.0V	E2电路断路
0V至0.2V或4.5V至5.0V	2.4V至3.4V（失效保护）	0V至0.2V或4.5V至5.0V	2.4V至3.4V（失效保护）	VTA1电路断路或对搭铁短路
0.7V至1.3V（失效保护）	0V至0.2V或4.5V至5.0V	0.7V至1.3V（失效保护）	0V至0.2V或4.5V至5.0V	VTA2电路断路或对搭铁短路
0.5V至1.1V	2.1V至3.1V	3.3V至4.9V（非失效保护）	4.5V至5.0V（非失效保护）	节气门位置传感器电路正常

续表

图 例
节气门电动机
插头
B25
1 2 3 4 5 6
M- M+
电动机
电阻：
电子油门
线路图
EPA 6
VPA 5
VCPA 4
EPA2 3
VPA2 2
VCP2 1
A3
油门踏板位置传感器
59 A50 EPA
55 A50 VPA
57 A50 VCPA
60 A50 EPA2
56 A50 VPA2
58 A50 VCP2
ECM
插头
A3
1 2 3 4 5 6
VCP2 EPA2 VCPA EPA
传感器
规定值
36.60至41.61kΩ

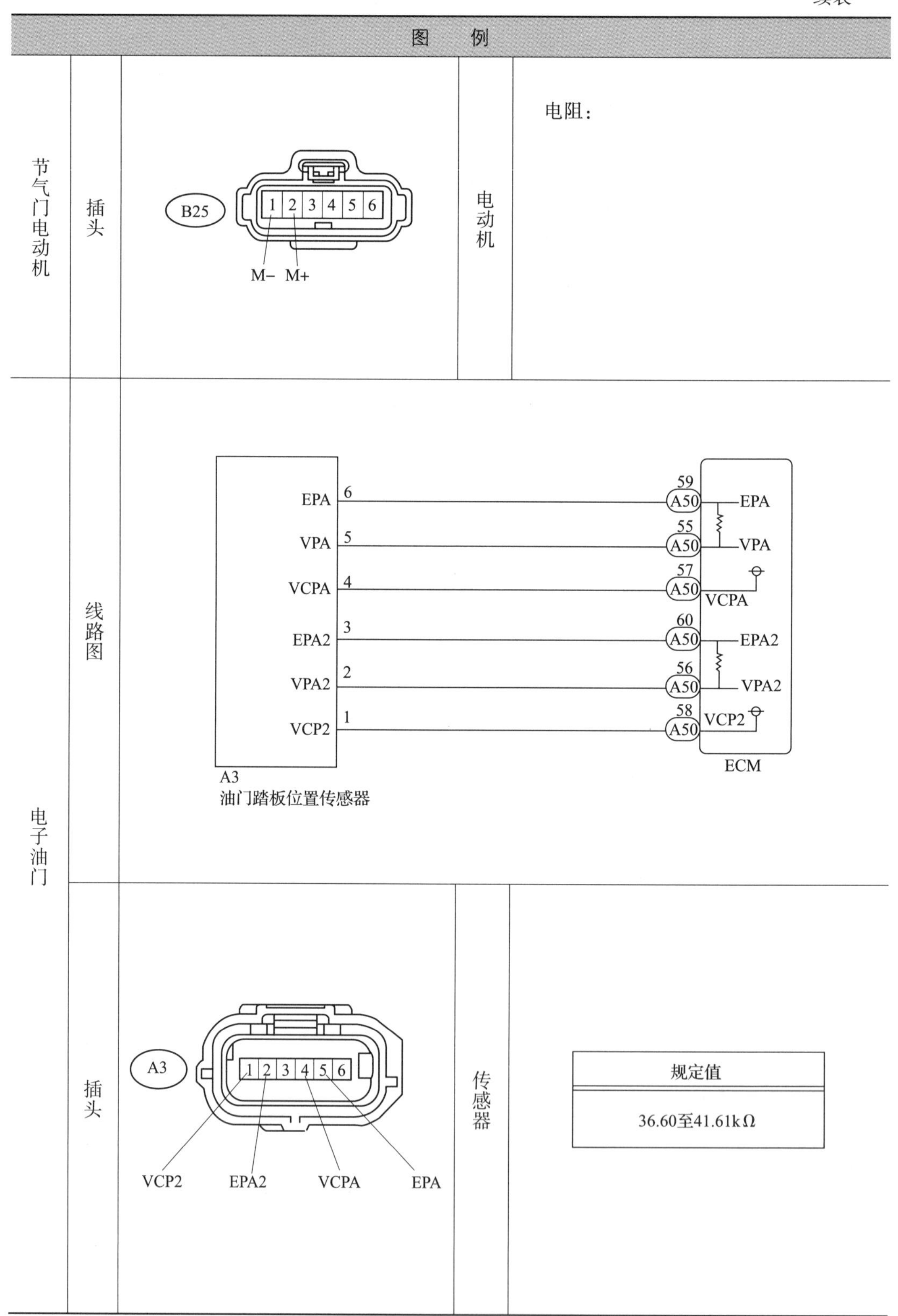

续表

图　例
爆震传感器
线路图
1
2
D1
爆震传感器
（屏蔽）
110
B31
KNK1
111
B31
EKNK
ECM
插头
D1
传感器
规定状态
120至280kΩ
ECU管脚
B31
A50
ECU插头
B31插头
B31

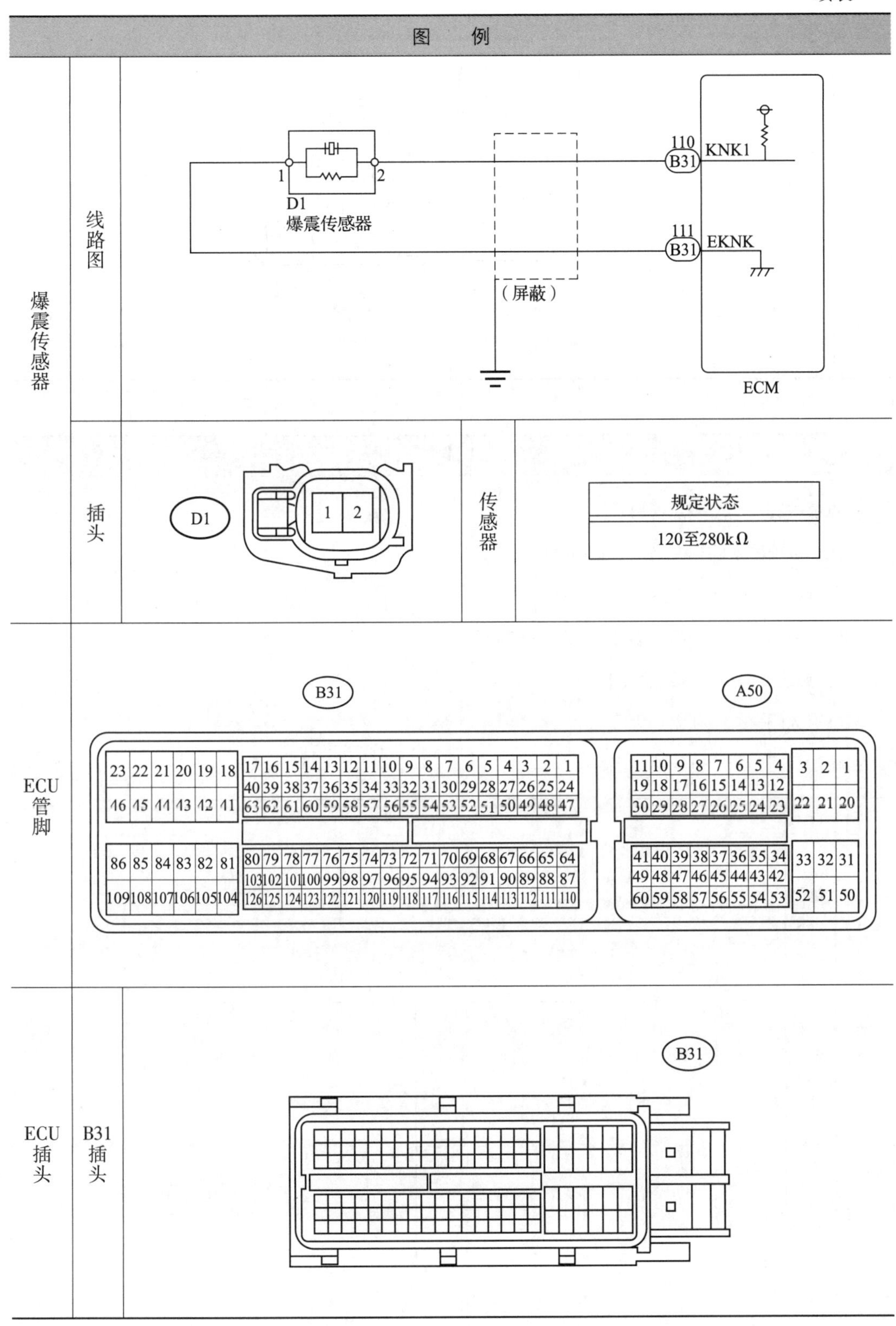

续表

<table>
<tr><th colspan="3">图　例</th></tr>
<tr><td>ECU插头</td><td>A50插头</td><td>A50</td></tr>
</table>

<table>
<tr><th colspan="5">实训车</th></tr>
<tr><td colspan="5">单点喷射□　多点喷射□
低压、缸前喷射□　高压、缸内喷射□
L 型□　D 型□
同时喷射□　分组直喷□　顺序直喷□
分电器式□　直接点式□
双缸点火□　独立点火□
机械油门□　电子油门□</td></tr>
<tr><td rowspan="2">进气VVT阀</td><td>线路图</td><td colspan="3"></td></tr>
<tr><td>插头</td><td></td><td>传感器</td><td></td></tr>
</table>

续表

<table>
<tr><td rowspan="2">排气VVT阀</td><td>线路图</td><td colspan="3"></td></tr>
<tr><td>插头</td><td></td><td>传感器</td><td></td></tr>
<tr><td rowspan="2">空气流量计</td><td>线路图</td><td colspan="3"></td></tr>
<tr><td>插头</td><td></td><td>传感器</td><td></td></tr>
</table>

续表

<table>
<tr><td rowspan="2">节气门传感器</td><td>线路图</td><td colspan="3"></td></tr>
<tr><td>插头</td><td></td><td>传感器</td><td></td></tr>
<tr><td rowspan="2">节气门电动机</td><td>线路图</td><td colspan="3"></td></tr>
<tr><td>插头</td><td></td><td>电动机</td><td>电阻：</td></tr>
</table>

续表

<table>
<tr><td rowspan="2">电子油门</td><td>线路图</td><td colspan="3"></td></tr>
<tr><td>插头</td><td></td><td>传感器</td><td></td></tr>
<tr><td rowspan="2">爆震传感器</td><td>线路图</td><td colspan="3"></td></tr>
<tr><td>插头</td><td></td><td>传感器</td><td></td></tr>
</table>

续表

ECU管脚		
ECU插头	B31插头	
	A50插头	

二、制订故障维修方案

1．采用头脑风暴法，讨论并绘制发动机加速不良的故障分析鱼骨图。

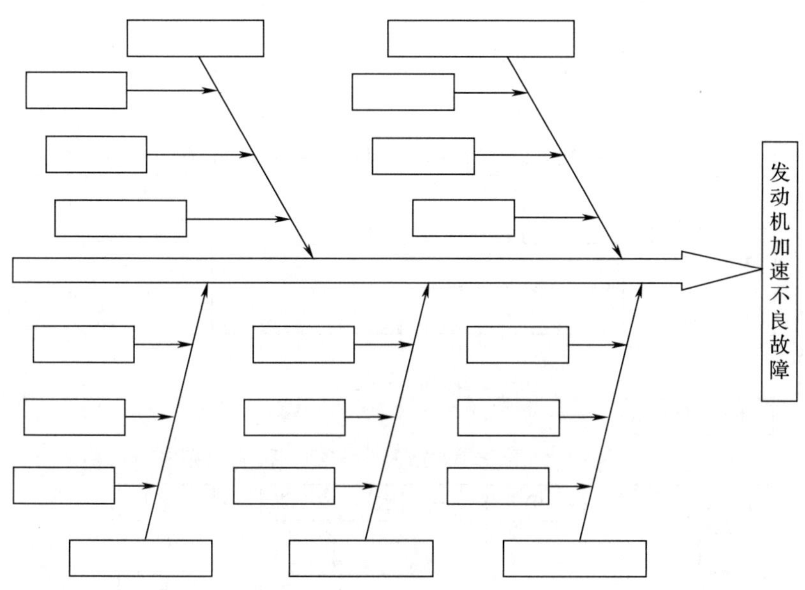

2．编制检查维修流程图，制订故障维修方案。

下图所示是发动机加速不良故障的诊断流程图，以发动机加速不良作为要排除的故障对象，根据可能造成故障症状的各种故障原因列出测试点、分析点，对诊断进行一步一步指导。参照该流程图，小组讨论，编制发动机加速不良故障的检测与维修方案。

发动机加速不良故障检测与维修方案

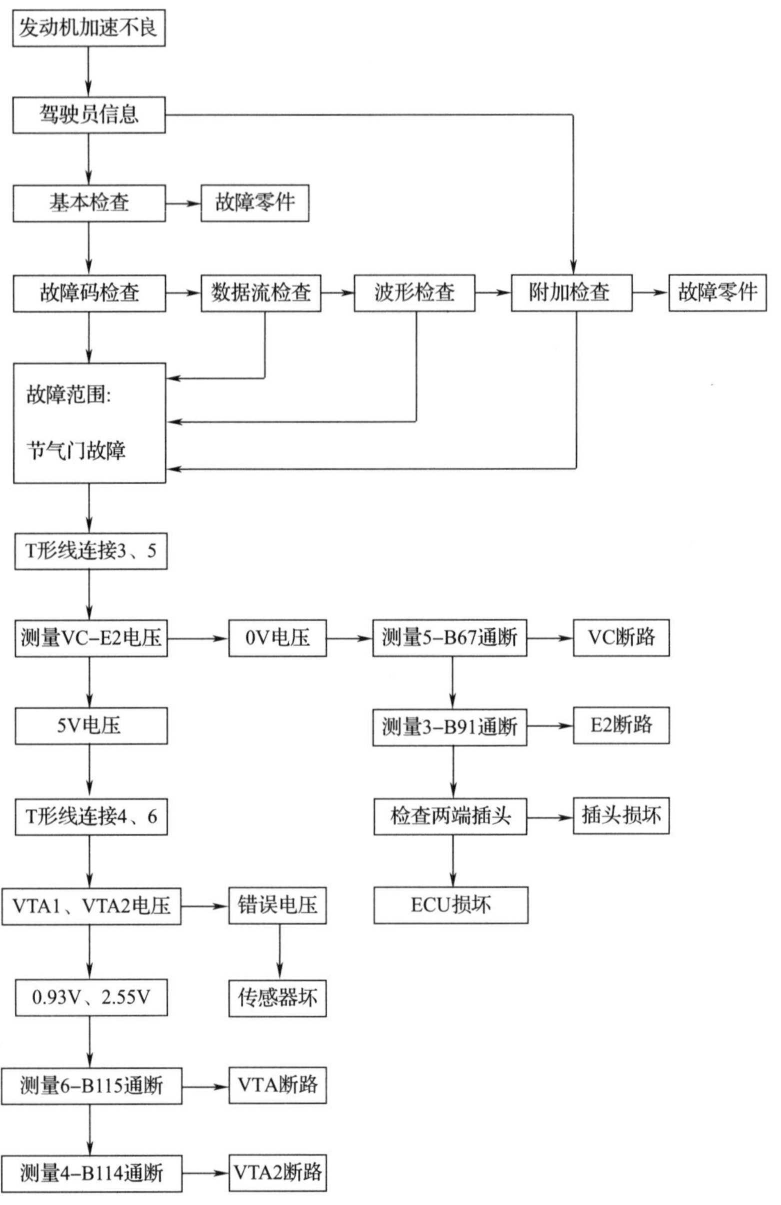
发动机加速不良
驾驶员信息
基本检查
故障零件
故障码检查
数据流检查
波形检查
附加检查
故障零件
故障范围:
节气门故障
T形线连接3、5
测量VC–E2电压
0V电压
测量5–B67通断
VC断路
5V电压
测量3–B91通断
E2断路
T形线连接4、6
检查两端插头
插头损坏
VTA1、VTA2电压
错误电压
ECU损坏
0.93V、2.55V
传感器坏
测量6–B115通断
VTA断路
测量4–B114通断
VTA2断路

学习活动 4　故障诊断与排除

学习目标

1. 能根据所制订的维修方案，进行发动机加速不良故障的检修。

2. 作业过程中遵守安全操作规范及 5S 管理要求。

3. 能在作业过程中自我检查贯彻的情况，做好过程记录。

建议学时：8 学时

学习过程

一、故障诊断与排除方法

1. 下图所示是汽车故障诊断的一般流程。根据下图，写出发动机加速不良故障的诊断思路。

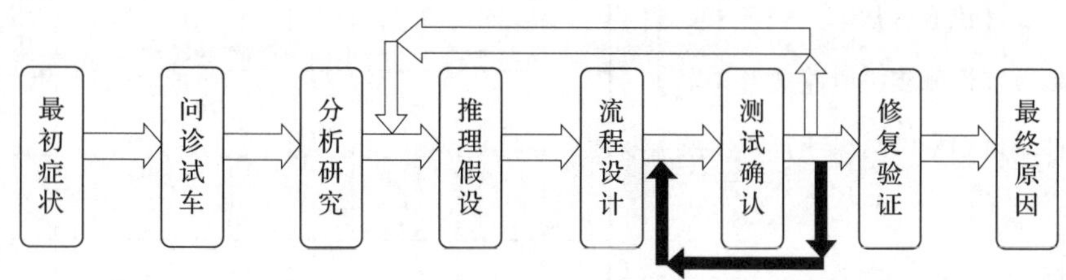

2. 根据制订的诊断方案，进行故障诊断，并排除故障。将检查步骤和检查情况记录在下表中。

检查部位	检查情况	故障处理

3. 故障排除后，要进行修复验证。将验证结果记录在下表中。

项目	实训车
【维修后】 故障码 数据流检测	
【维修后】 根据故障内容检测相关电路波形，填写被测元件端口编号，画出或打印出波形。 元件名称： 端口号： 波形：	每格电压：　　每格时间：

二、填写故障诊断作业记录表

故障诊断作业记录表

班级：____________　　　　姓名：____________

整车型号		发动机型号	
车辆识别码			

项目	作业记录
1. 前期准备	
2. 安全检查	

发动机无法起动	作业记录
故障诊断	1. 故障代码：________________ 2. 大致故障方位描述： 3. 部件测试情况：
故障排除	1. 故障点描述： 2. 维修措施：

三、成果展示

设计发动机加速不良故障的诊断与排除的工艺规范。

依据实训车辆或相关资料、维修手册，各小组设计制作一份发动机加速不良的故障诊断与排除工艺卡，并向其他组员展示和说明。

参考工艺卡的格式和项目如下：

工序	工艺内容及工艺技术要求	工量具	设备	消耗材料及易损件	备注
1					
2					
3					
4					
…					
…					
操作者： 日期： 校对： 日期： 指导教师： 日期：					

学习活动 5　竣工检验与评价

学习目标

1. 能查阅维修手册，检验发动机加速不良故障的排除情况。

2. 能以小组为单位进行故障维修成果展示。

3. 能进行自我评价与反馈，发现工作中的问题并改进。

4. 能总结和归纳排除故障过程中的宝贵经验。

建议学时：8 学时

学习过程

一、检查故障排除情况

1. 故障排除后，填写发动机加速不良故障诊断作业记录表，并进行成果展示。

发动机加速不良故障诊断作业记录表

小组		姓名		分数	
车辆信息	整车型号				
	车辆识别代码				
	发动机型号				
故障描述	怠速正常，加油喘振				

项目	作业记录内容	备注
一、前期准备		
二、安全检查		
三、仪器连接		仪器连接及通信正常
四、确认故障现象		例如：发动机抖动
五、故障码检查		读取故障码
六、基本检查		目视、不举升车辆
七、定格数据帧，正确读取数据	定格数据（只记录故障发生时的数据帧内容）： （1）基本数据 Injector (Port) ms IGN Advance dag Engine Speed r/min Vehicle Speed km/h Coolant Temp ℃ （2）标注反应故障码特征的相关数据	在定格数据中标出反应故障码特征的相关数据
八、清码后再读故障码		清除故障码后，确认故障码是否再次出现，并填写结果
九、数据流分析		与故障码特征相关的动态数据记录
十、元件测试	测试结果：	对被怀疑的部件进行元件测试
十一、波形检测、分析原因		注明可能原因
十二、电路测量	1. 对照线路图测量线路相关针脚 2. 测量相关传感器、执行器	对被怀疑的线路进行测量
十三、故障部位确认和排除	1. 确定的故障是： 2. 故障点的排除说明：	1. 如继电器 R10 线圈断路，继电器损坏 2. 如更换继电器 R10
十四、维修结果验证	1. 后故障代码读取，并填写读取结果 2. 原故障码相关的动态数据检查结果 3. 维修后的功能确认并填写结果	表中项目检查有内容时填写检查结果，没有内容时填写“无”
十五、现场恢复		5S 管理

2. 填写波形检测记录单。

波形检测记录单

【维修前】 根据故障内容检测相关电路波形，填写被测元件端口编号，画出或打印出波形	示波器正表笔连接 元件端口编号： 针脚号： 示波器负表笔连接部位：	每格电压：　　　　每格时间：
【维修后】 根据故障内容检测相关电路波形，填写被测元件端口编号，画出或打印出波形	示波器正表笔连接 元件端口编号： 针脚号： 示波器负表笔连接部位：	每格电压：　　　　每格时间：

3. 填写出厂检验单。

出厂检验单

牌照号		出厂日期		业务员	

发动机部分			
机油压力		油液面	
各种工况是否良好		各部有无渗漏	

尾气排放		怠速		高速	
	CO（%）				
	HC（ppm）				
	氮氧化物				
	结果				

传动部分		
手动变速箱	离合器自由行程：	
	离合器分离情况：	
自动变速箱		
有无渗漏：		
换挡情况：		
油面情况：	油质情况：	
传动轴胶套：	有无异响：	

转向悬挂系统				
方向机是否有异响：		皮套状况：		
转向拉杆情况：				
液压系统是否漏油		油面		
直接行驶是否跑偏		油质		
悬挂系统是否正常：				
四轮定位检测记录				
	前轮		后轮	
外倾角	左	右	左	右
单轮束	左	右	左	右
后倾角	左	右		

制动系统		
制动管路有无渗漏：		
路试情况	制动距离： m	
	在 2.5 m 宽车道内跑偏情况：	
	20% 坡道驻车制动情况：	
	有无刹车异响：	

空调系统	
低压： bar	高压： bar
出风口温度：	有无渗漏：
压缩机运转：	鼓风机运转：
冷却风扇运转情况：	

电器系统				
前照灯检测记录				
发光强度	左		右	
光照位置	左		右	
灯光、信号是否齐全				
备用电设备是否正常				

检验结论：

检验员：　　主修人：　　日期：

用户签字：

质量保证期：

按国家及各企业标准施行

二、总结与评价

1. 总结经验。在检查、分析、判断和故障排除过程中，是否走了弯路或有重复动作，今后排除故障时如何才能快速、准确地找到并排除故障，做到事半功倍？

项目名称	原因	改进措施
多余的步骤		
重复的动作		
遗漏的项目		
总结		

2. 合理建议。根据故障诊断与排除情况，推断车主的驾驶习惯、日常维护缺陷以及由此引起的车辆损伤情况等，向客户建议合理的使用方法和日常维护方法，并填写下表。

项目名称	不正确的操作/方法	建议
驾驶和操作		
维护和保养		
其他		

3. 填写发动机加速不良故障诊断评分表。

发动机加速不良故障诊断评分表

时间：30 min　　姓名：　　分数：

序号	项目	配分	内容	分值	得分
一	前期准备	6 分	安装三件套（驾驶员侧和副驾驶员侧都安装）	2 分	
			安装翼子板布	1 分	
			安装前格栅布	1 分	
			工具仪器准备	2 分	

续表

序号	项目	配分	内容	分值	得分
二	安全检查	5分	安装车轮挡块	1分	
			检查机油、冷却液	1分	
			检查蓄电池电压（使用万用表时应注意校零）	2分	
			安装尾气抽排烟道	1分	
三	仪器连接	3分	点火开关关闭	1分	
			正确连接诊断仪	2分	
四	确定故障症状	3分	起动发动机并检查	1分	
			发动机运转状态（以工单为准）	1分	
			故障灯状态（以工单为准）	1分	
五	故障码检查	2分	正确读取并记录故障码（以工单为准）	2分	
六	基本检查	5分	管线连接、机件状况（不举升车辆检查）	5分	
七	定格数据	6分	定格数据确定（以工单为准）	6分	
八	清码后再读码	2分	清除故障码（以工单为准）	1分	
			故障码再次读取（以工单为准）	1分	
九	数据流分析	6分	读取相关数据流（以工单为准）	6分	
十	元件测试	5分	操作规范	5分	
十一	波形检测	15分	正确查阅资料确定测试接头，测量波形（没有查阅资料的学生，如工单填写正确，此分不予扣除）	10分	
			正确记录和说明波形（以工单为准）	5分	
十二	电路测量	15分	操作规范、准确	15分	
十三	故障排除	15分	操作规范、准确	15分	
十四	结果验证	7分	再次读取故障码	1分	
			再次测量数据流	3分	
			再次打印波形	3分	
十五	现场恢复	5分	操作规范	5分	

学习任务三评价表

班级：__________　　　　姓名：__________　　　　学号：__________

项目	自我评价			小组评价			教师评价		
	10～9	8～6	5～1	10～9	8～6	5～1	10～9	8～6	5～1
	占总评10%			占总评30%			占总评60%		
学习活动1									
学习活动2									
学习活动3									
学习活动4									
学习活动5									
协作精神									
纪律观念									
表达能力									
工作态度									
安全意识									
任务总体表现									
小计									
总评									

任课教师：________　　年　　月　　日

学习任务四　发动机故障灯亮故障诊断与排除

学习目标

1. 能根据故障现象进行故障分析，判断发动机故障灯亮的故障点。
2. 能查阅相关资料，制订故障诊断流程。
3. 能利用检测设备规范地检测和排除故障。
4. 能对检测数据进行记录、分析、判断，并最终排除故障。
5. 能进行团队成员的有效沟通与协同作业。
6. 能根据5S管理规定进行现场操作。

建议学时

60学时

工作情境描述

驾驶员驾驶一辆宝来1.6手自一体的轿车来到维修站，向维修人员反映，汽车仪表故障灯亮，要求维修站对故障进行诊断与排除。经维修技师检查发现，发动机故障指示灯亮。现需要对相关部件进行检查，根据维修手册要求，在规定时间（参照维修资料）内完成汽车发动机故障诊断与排除，完成后交付班组长验收。

工作流程与活动

学习活动1　任务分析及检查

学习活动 2 故障灯亮数据检测与分析

学习活动 3 维修方案制订

学习活动 4 故障诊断与排除

学习活动 5 竣工检验与评价

学习活动1　任务分析及检查

学习目标

1. 能对发动机故障灯亮故障进行初步分析，确定故障点。

2. 能掌握汽车自诊断系统的基本知识。

3. 能参照维修手册，对发动机故障灯亮故障进行基本检查。

建议学时：12 学时

学习过程

一、填写车辆基本信息

模拟客服人员接车，并填写接车单。

××汽车维修服务有限公司接车单

<table>
<tr><td>客户姓名</td><td></td><td>联系地址</td><td colspan="3"></td></tr>
<tr><td>客户联系电话</td><td></td><td>车牌号</td><td></td><td>接车日期</td><td></td></tr>
<tr><td>车型</td><td></td><td>车辆 VIN 码</td><td colspan="3"></td></tr>
<tr><td>里程数</td><td></td><td>发动机型号</td><td colspan="3"></td></tr>
<tr><td>用户描述的故障现象</td><td colspan="5"></td></tr>
<tr><td>服务顾问诊断得出初步意见</td><td colspan="5"></td></tr>
<tr><td>服务顾问的建议</td><td colspan="5"></td></tr>
</table>

续表

<table>
<tr><td colspan="2">功能确认：（正常√　不正常×）
□音响系统　□　点烟器
□中央门锁　□　后视镜
□天窗　□四门玻璃升降</td><td colspan="2" rowspan="2">外观确认：
（如有损伤，在相应部位作标记）</td></tr>
<tr><td colspan="2">油量确认：
F
E</td></tr>
<tr><td colspan="2"></td><td colspan="2">物品确认：（有√　无×）
□随车工具　□千斤顶
□贵重物品已提醒用户带离车辆
□备胎　□灭火器
□其他（　　　　　　）</td></tr>
<tr><td>服务顾问提醒</td><td colspan="3">①本次检查出的故障如在本站维修，检查工费不另收取；如不在本站维修，则检查工费应由用户支付，本次检查工费为：¥______元。
②维修旧件处理：□用户要求带走　□用户选择不带。
③本站已提醒用户将车内贵重物品带离车辆并妥善保管，如有丢失恕与本站无关。</td></tr>
<tr><td>服务顾问</td><td></td><td>用户确认</td><td></td></tr>
</table>

二、故障分析

查阅相关资料，列举发动机故障灯亮的常见故障现象，并简要分析故障原因。

故障现象	故障原因
观察汽车仪表盘故障灯亮 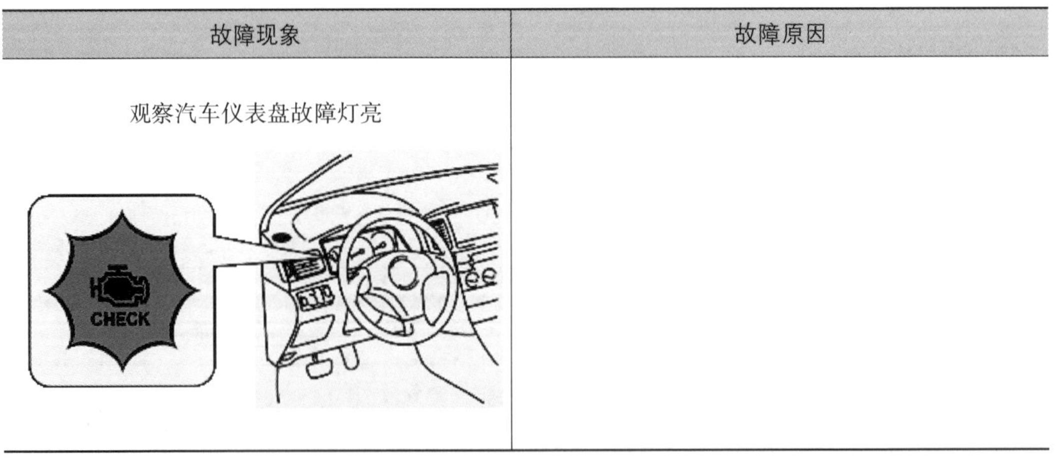 	

三、基本检查

1. 练习垫好三角木、安装抽排气装置、铺好三件套等安全保护装置。

2. 按照下表所列检查内容进行基本检查，将检查结果和结果分析填写在下表中。

序号	检查内容	检查结果	结果分析
1	蓄电池电压及油、液的检查		
2	连接诊断仪，读取故障码（OBD－Ⅱ）		
3	清除故障码		
4	故障灯是否点亮		

3. 下图所示为某品牌轿车故障灯控制电路图，根据该电路图分别用两种颜色的笔描绘出故障灯亮时电流的流向。

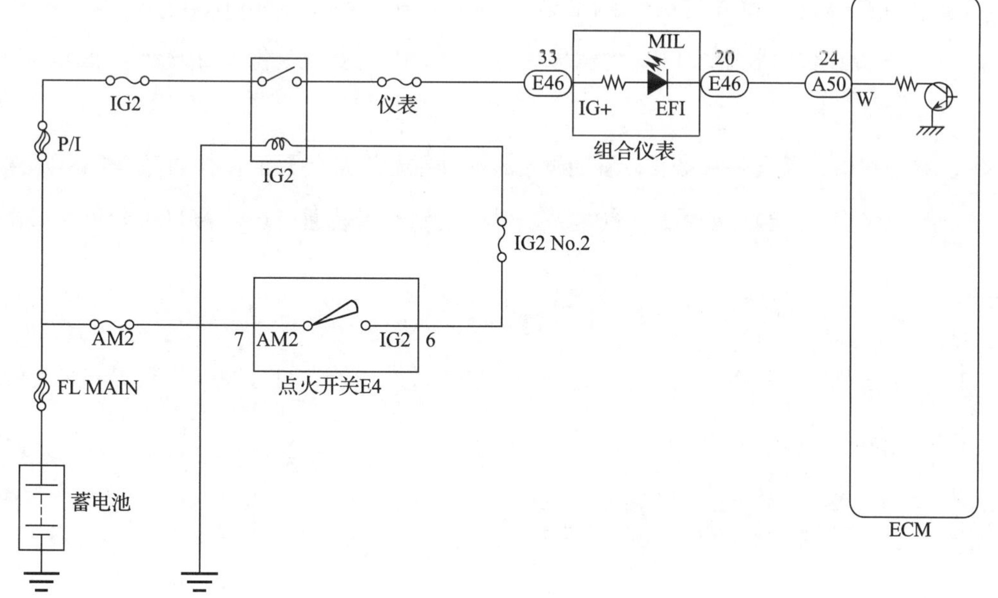

故障指示灯控制电路

四、自诊断系统（OBD－Ⅱ）基本知识

1. 查阅相关资料，解释 OBD－Ⅱ的含义。

2.（多项选择）对于故障自诊断系统的功能或特点，下面说法正确的是：（　　）。

A. 通过自诊断测试判断电控系统有无故障，有故障时，发动机立即熄火并发出警报

B. 通过自诊断测试判断电控系统有无故障，有故障时，指示灯发出警报，并将故障码存储

C. 在维修时，通过一定操作程序可将故障码调出，进行有针对性的检查

D. 当传感器或其电路发生故障时，自动启动失效保护功能

E. 当发生故障导致车辆无法行驶时，自动启动应急备用系统，以保证汽车可以继续行驶

F. 当故障排除后，故障灯熄灭，故障码自行消失

G. 只要故障灯不亮，即说明发动机性能良好，可放心行驶

H. 若传感器输入 ECU 的信号超出正常范围，或在一定时间内 ECU 收不到该传感器信号，或该传感器输入 ECU 的信号在一定时间内不发生变化，自诊断系统均判定为“故障信号”

I. 在使用中，点火开关接通，发动机没有起动或起动后的短时间内，故障指示灯点亮是正常现象，当起动后几秒钟内或发动机达到一定转速（一般为 500r/min）后，故障指示灯应熄灭

3.“只要发动机故障指示灯亮，发动机一定有故障；发动机故障指示灯不亮，发动机就一定是正常工作的。”这句话对吗？为什么？

4. 简述发动机失效保护系统的功能。

5. 若某一电路出现超出规定范围的信号时，诊断系统就判定该信号线路出现故障，失效保护系统将按 ECU 预先设定的标准信号控制发动机。查阅相关资料，在下表中选择正确的标准信号。

序号	失效传感器	系统设定的标准信号（正确的打“√”）
1	冷却水温度信号	25℃ □　60℃ □　80℃ □　90℃ □
2	进气温度传感器信号	5℃ □　15℃ □　20℃ □　25℃ □
3	点火反馈确认信号	①ECU 立即切断燃油喷射，使发动机停止运转 □ ②ECU 立即控制发动机按中等负荷运行 □ ③ECU 立即控制发动机按怠速工况运行 □
4	节气门位置信号	①ECU 将始终按节气门处于全开状态信号，实现对喷油量的控制 □ ②ECU 将始终按节气门处于全关状态信号，实现对喷油量的控制 □ ③ECU 按节气门开度为 0°或 25°的状态信号，实现对喷油量的控制 □
5	爆震传感器信号	①ECU 将点火提前角固定在一个适当值 □ ②ECU 将点火提前角固定在 0° □ ③ECU 将点火提前角固定在 55° □
6	凸轮轴位置传感器信号	①ECU 立即切断燃油喷射，使发动机停止运转 □ ②ECU 立即按一设定值控制发动机运行 □ ③ECU 立即控制发动机按怠速工况运行 □
7	空气流量计信号	①ECU 按固定的喷射时间控制发动机工作 □ ②ECU 按变化的喷射时间控制发动机工作 □ ③ECU 立即切断燃油喷射，使发动机停止运转 □
8	进气管绝对压力信号	①ECU 立即切断燃油喷射，使发动机停止运转 □ ②ECU 立即按设定的固定值控制喷油量，控制发动机运行 □ ③ECU 立即控制发动机按怠速工况运行 □

6. 下图所示为 OBD－Ⅱ标准（16 端子）故障诊断座，写出各端子的功用。

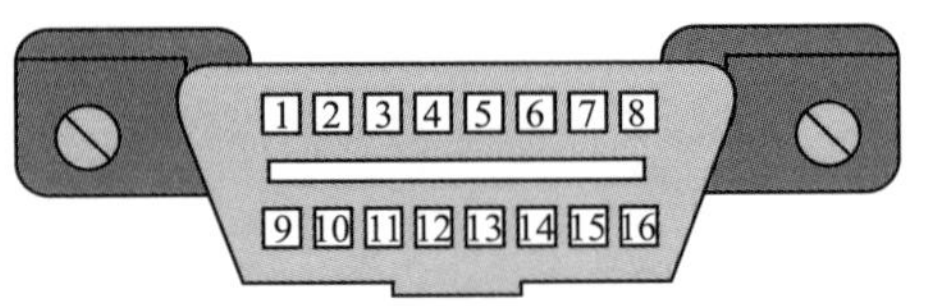

OBD－Ⅱ标准（16 端子）故障诊断座

端子	功用	端子	功用
1		9	
2		10	
3		11	
4		12	
5		13	
6		14	
7		15	
8		16	

学习活动2　故障灯亮数据检测与分析

学习目标

1. 能正确操作故障检测仪，读取故障码和数据流。

2. 能对电控元件进行性能测试，并对数据流进行分析，判断故障原因。

3. 能利用示波器对电控元件进行动态测试和分析。

4. 能在作业过程中自我检查贯彻的情况，做好过程记录。

建议学时：24 学时

学习过程

一、发动机故障灯亮的主要原因

发动机故障灯亮可能涉及到燃油系统、空燃比、点火系统、氧传感器，进气系统、排气系统、各传感器、三元催化器等。

1. 燃油系统、点火系统（参见前述内容）

2. 空燃比和氧传感器

故障诊断及检查有基本规律可循，例如：大多数传感器都使用 5 V 参考电压，而执行器使用 12 V 电压驱动；氧传感器主要有氧化锆式和氧化钛式两种；一般中、低档轿车大都采用压电式爆震传感器；几乎所有汽车的水温传感器都使用“负温度系数线性输出型”传感器等。

（1）如果确认故障码如下图所示，根据电路图、ECU 连接器图及端子间对应表，检修氧传感器故障，并填写下表。

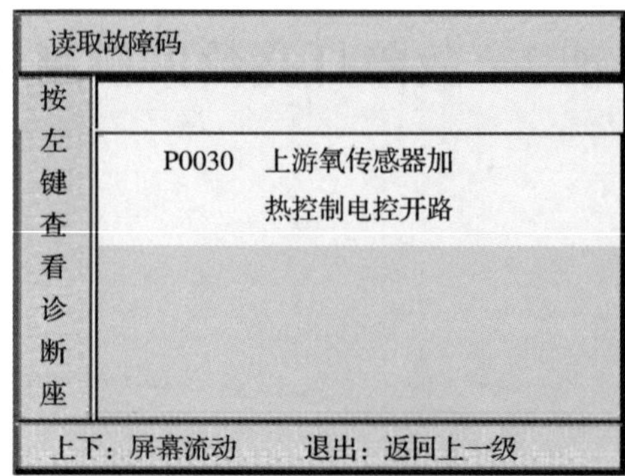

IG2 IGN IGSW FC W 组合仪表
IG2 P/I C/OPN SPD
IG2 No.2 燃油泵
IMO
(*1) (*1) STAR (*1)
AM1 ST1 IMI 收发器钥匙ECU
AM1 (*1) E0M
ALT
驻车挡/空挡
位置开关（*1）
AM2 IG2
(*2) (*1) ELS1 至TAIL熔丝
ST2
AM2 (*2)
点火开关
离合器踏板
开关（*2） ELS2 至MIR HTR熔丝
STA
ST TACH DLC3
ETCS +BM
TC
EFI MAIN
FL MAIN MREL
EFI MAIN E1
蓄电池 BATT
起动机
*1：自动传动桥
*2：手动传动桥
A ECM

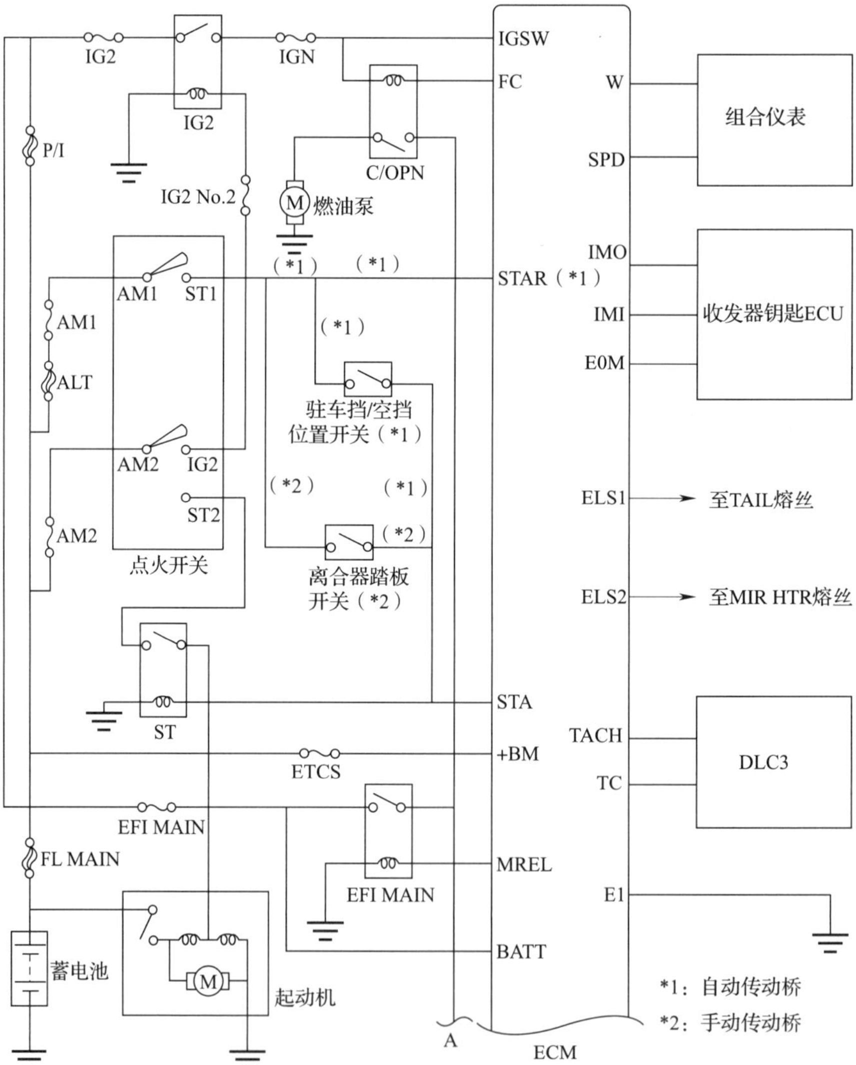

电路图

A
EFI No.2
EFI No.1
ECM
+B
+B2
PRG
清污VSV
加热型氧
传感器（B1 S1）
HT1A
OX1A
EX1A
加热型氧
传感器（B1 S2）
HT1B
OX1B
EX1B
质量空气
流量计
THA
E2G
VG
ETHA
VCP2
VPA2
EPA2
VCPA
VPA
EPA
油门踏板位置
传感器
ST1-
STP
至IGN熔丝
至STOP熔丝
制动灯开关
KNK1
EKNK
爆震传感器
NE+
NE-
曲轴位置传感器
E02
E03
E04

电路图

B31
A50
23 22 21 20 19 18
46 45 44 43 42 41
17 16 15 14 13 12 11 10 9 8 7 6 5 4 3 2 1
40 39 38 37 36 35 34 33 32 31 30 29 28 27 26 25 24
63 62 61 60 59 58 57 56 55 54 53 52 51 50 49 48 47
86 85 84 83 82 81
109 108 107 106 105 104
80 79 78 77 76 75 74 73 72 71 70 69 68 67 66 65 64
103 102 101 100 99 98 97 96 95 94 93 92 91 90 89 88 87
126 125 124 123 122 121 120 119 118 117 116 115 114 113 112 111 110
11 10 9 8 7 6 5 4
19 18 17 16 15 14 13 12
30 29 28 27 26 25 24 23
3 2 1
22 21 20
41 40 39 38 37 36 35 34
49 48 47 46 45 44 43 42
60 59 58 57 56 55 54 53
33 32 31
52 51 50

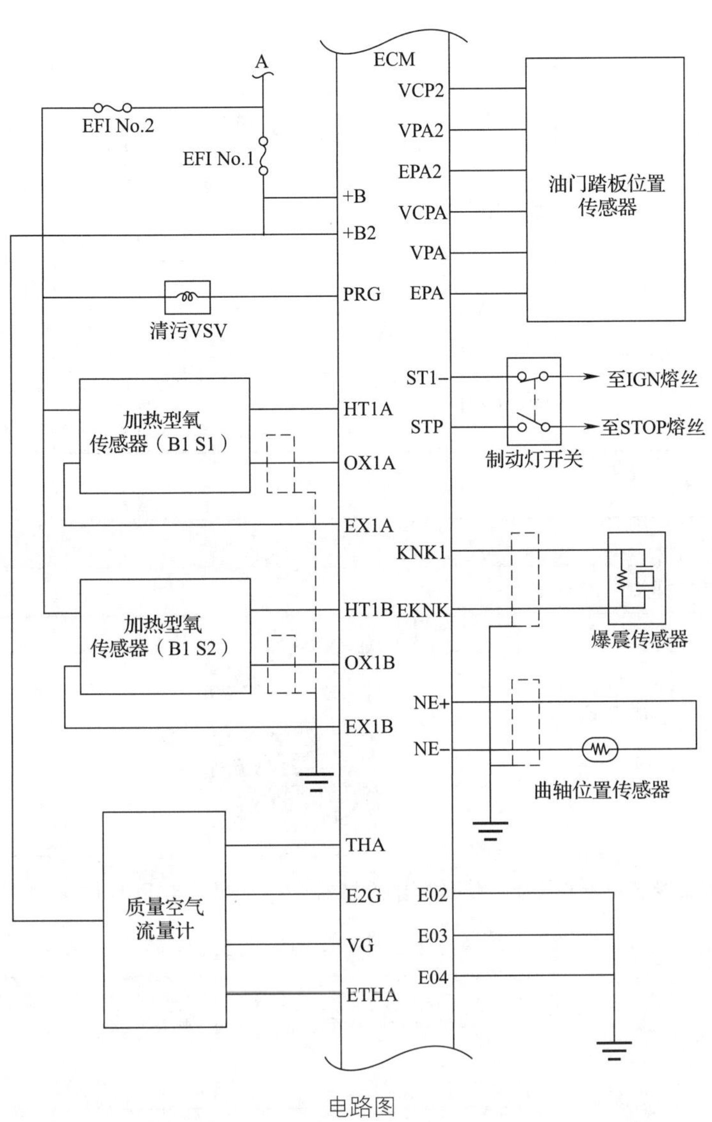

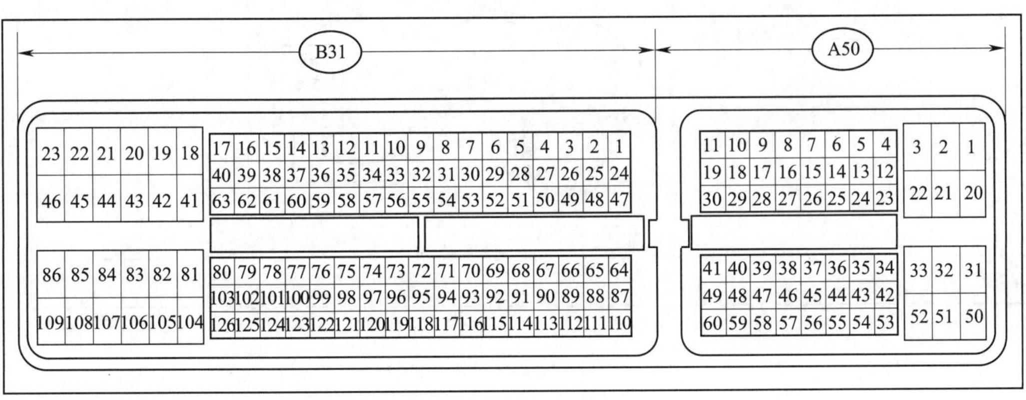

ECU 连接器

各端子名称对应表

B31－109（HT1A）－B31－86（B03）	G－W	加热型氧传感器加热器（S1）	点火开关置于 ON 位置	9 至 14 V
			怠速运转时	低于 3.0 V
B31－112（OX1A）－B31－90（EX1A）	W－BR	加热型氧传感器（S1）	传感器预热后，保持发动机转速 2 500 r/min 2 分钟	产生脉冲
B31－47（HT1B）－B31－86（E03）	LG－W	加热型氧传感器加热器（S2）	点火开关置于 ON 位置	9 至 14 V
			怠速运转时	低于 3.0 V
B31－64（OX1B）－B31－87（EX1B）	W－GR	加热型氧传感器（S2）	传感器预热后，保持发动机转速 2 500 r/min 2 分钟	产生脉冲

检修步骤	检测结果	结果分析
1．查看氧传感器插头连接情况		
2．断开点火开关，拔下氧传感器插接器和 ECU 插接器		
3．用万用表测量线路的导通情况	氧传感器插接器______端子与 ECU 插接器______端子的电阻为______	
4．用万用表测量氧传感器电阻	氧传感器插接器____与____端子的电阻为______	
结论		

（2）如果确认故障码如下图所示，根据电路图、ECU 连接器图及端子间对应表，检修氧传感器故障，分析空气流量计电路故障，并完成鱼骨图。

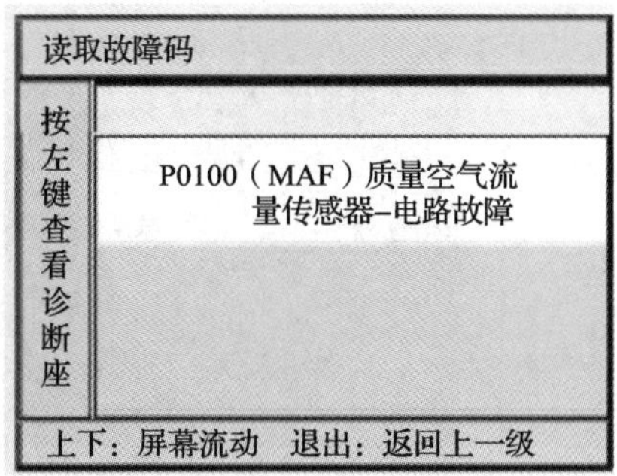

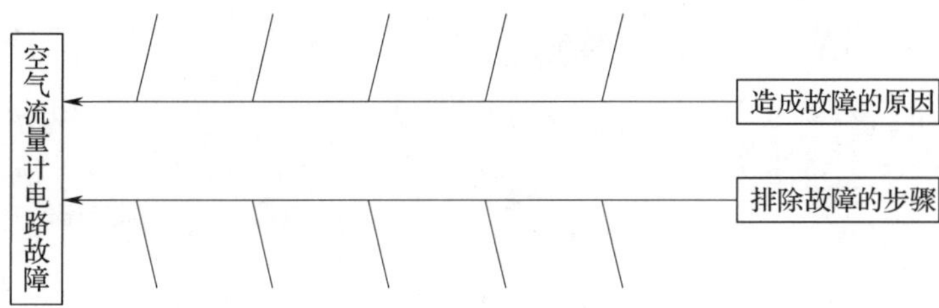

3．进气系统

本书重点分析燃油蒸气排放（EVAP）控制系统（也称清污 VSV），若故障码如下图所示，回答下列问题。

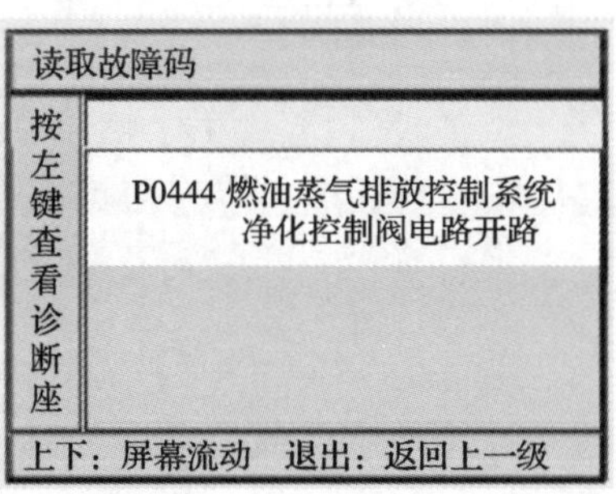

（1）在实训车上找到并拆下活性炭罐及电磁阀，查阅资料或汽车维修手册，叙述燃油蒸气排放（EVAP）控制系统的功能。

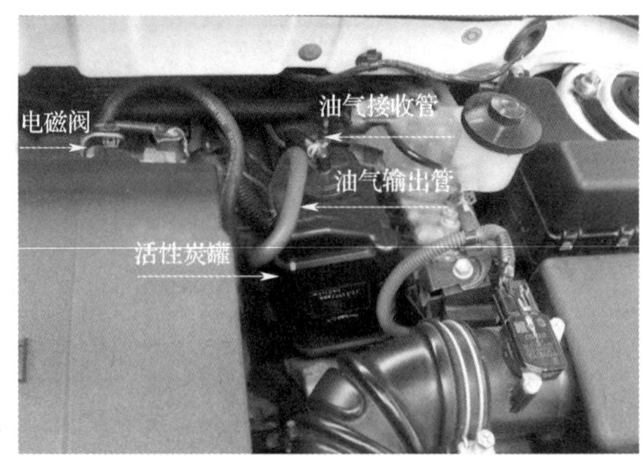

燃油蒸气排放（EVAP）控制系统的功能：

实训车活性炭罐所在位置和形式：

（2）写出燃油蒸气排放（EVAP）控制系统各部件的名称及作用。

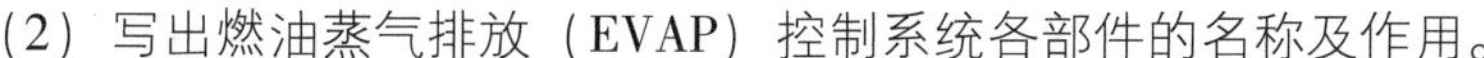

图　　示	序号	名称	作　用
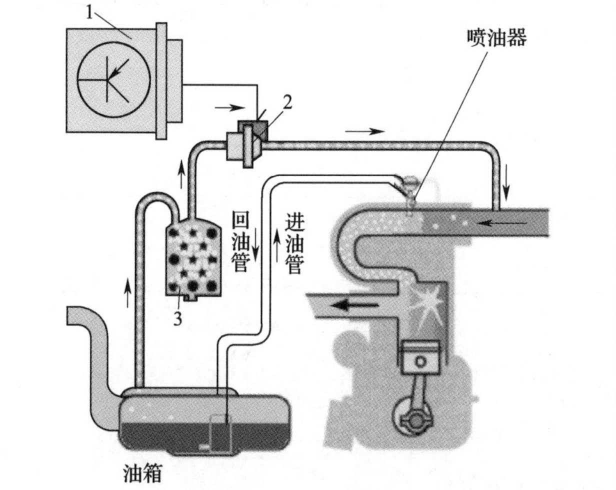 1　2　3　喷油器　回油管　进油管　油箱	1		
	2		
	3		
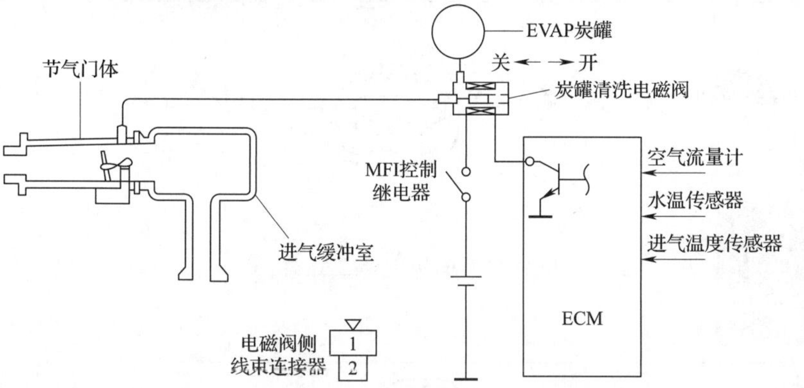 EVAP炭罐　关　开　炭罐清洗电磁阀　节气门体　MFI控制继电器　进气缓冲室　空气流量计　水温传感器　进气温度传感器　ECM　电磁阀侧线束连接器　1　2			参照左图，简述其控制原理：

（3）分析造成以上故障的原因有哪些？通过信息收集后完成鱼骨图的绘制。

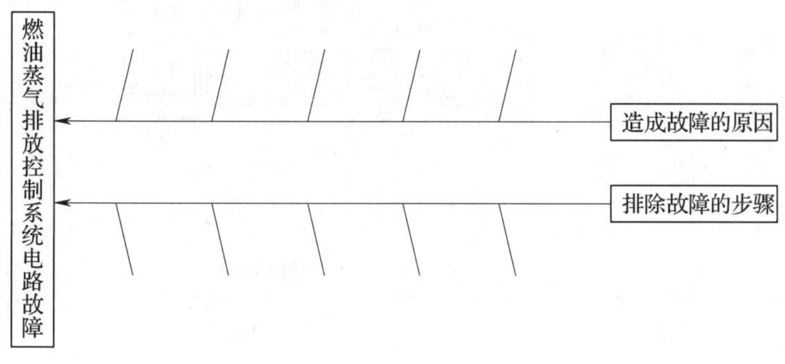

（4）对 EVAP 控制系统进行维护与检测，填写下表。

维护与检测	检测结果	结果分析
1. 一般维护：检查管路。每行驶 20 000 km 应更换活性炭罐底部的进气滤芯	管路有无破损或漏气 有□　　　无□ 炭罐壳体有无裂纹 有□　　　无□	
2. 查看电磁阀插头连接情况	电磁阀插头连接是否松动 是□　　　否□	
3. 炭罐电磁阀阻值的检测	B19　2　1 电磁阀的阻值：____Ω	
4. 工作电压检测 AUTOMOTIVE TESTER AT8150B　12.19	B19　1　2 闭合点火开关，测插接器______与______搭铁间的电压值：________V 左右	
5. 用万用表测量电磁阀到 ECU 间线路的导通情况（参见前面的电路图）	B19　1　2 线束连接器前视图：（至ECM） PRG　B31 电磁阀插接器______端子与 ECU 插接器______端子间的电阻值为______	
结论		
思考并操作：用发光二极管如何检测系统的工作情况		

（5）用诊断仪对 EVAP 控制系统进行性能测试，并填写下表。

步骤	检查结果	结果分析
1. 将诊断仪连接在故障诊断插座上		
2. 从炭罐上拔下真空软管，起动发动机		
3. 启动检测仪，选择“测试动作元件”		
4. 检查软管是否对手指有吸力		
结论		

（6）用示波器对 EVAP 控制系统进行检测，并填写下表。

步骤	检查结果	结果分析
1. 按照示波器使用说明进行连接		
2. 起动发动机，并保持在 2 500 r/min 的转速运转 2～3 min，直到发动机完全暖机（燃油反馈控制系统进入闭环控制状态，观察波形测试设备上的氧传感器波形）	绘出示波器上氧传感器信号电压波形：	
3. 关闭所有附加电气设备，将汽车处于停车挡（P）或空挡（N）的位置，顶起驱动轮，或在汽车行驶的同时观察活性炭罐清洗电磁阀的波形	绘出示波器上电磁阀的波形：	
4. 把测得的波形与右图比较，异同点有哪些？		
结论		

4. 电控废气再循环系统

（1）在实训车上找到废气再循环装置，并填写下表。

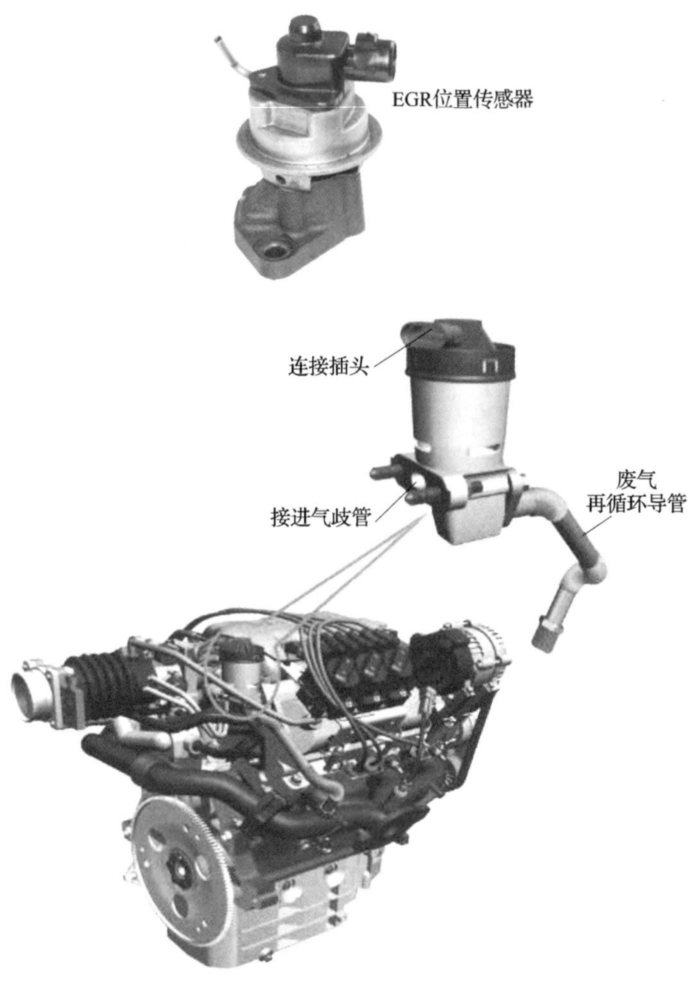

<table>
<tr><td rowspan="4">废气再
循环系统</td><td>英文缩写</td><td></td></tr>
<tr><td>安装位置</td><td>一般装于________________，实训车废气再循环装置装于________________</td></tr>
<tr><td>功用</td><td></td></tr>
<tr><td>接线端子数</td><td></td></tr>
</table>

（2）在实训车上找到并拆下 EGR 阀和 EGR 电磁阀，查阅资料或汽车维修手册，叙述废气再循环系统的组成及控制原理。

图 示	序号	名称	作用
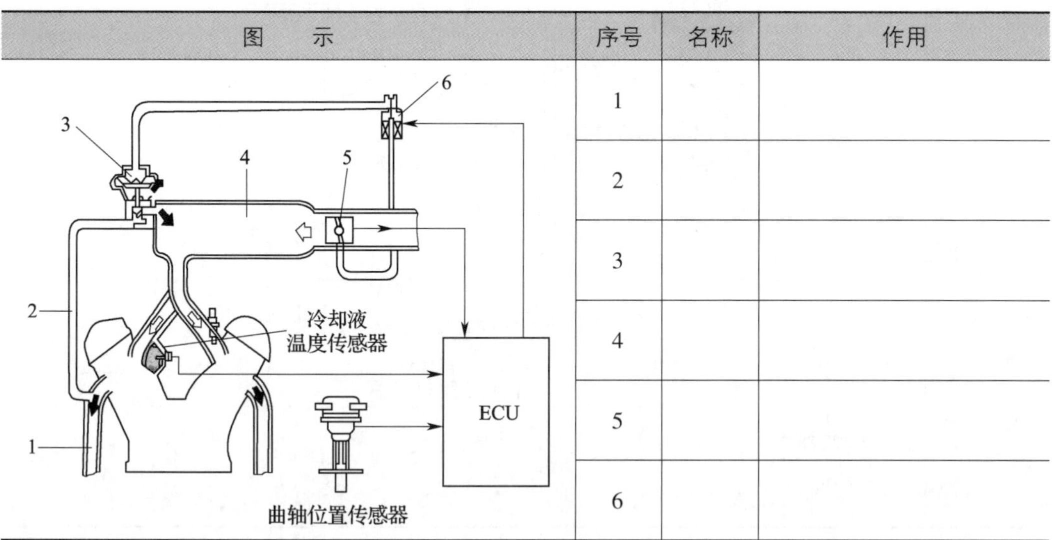	1		
	2		
	3		
	4		
	5		
	6		

控制种类	图示及控制原理
开环控制	 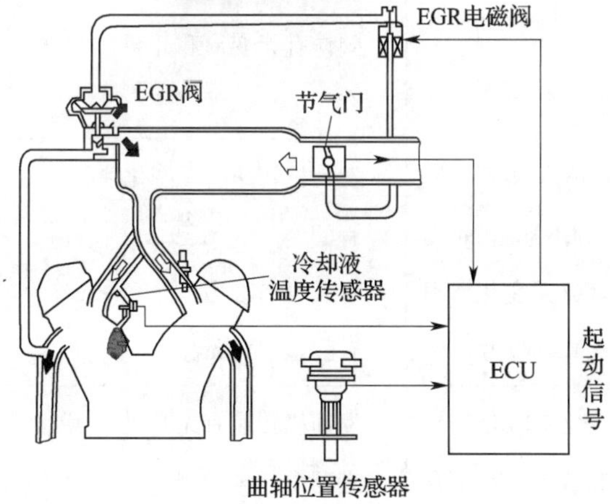 EGR 开环控制系统
	控制原理：

续表

控制种类	图示及控制原理
闭环控制	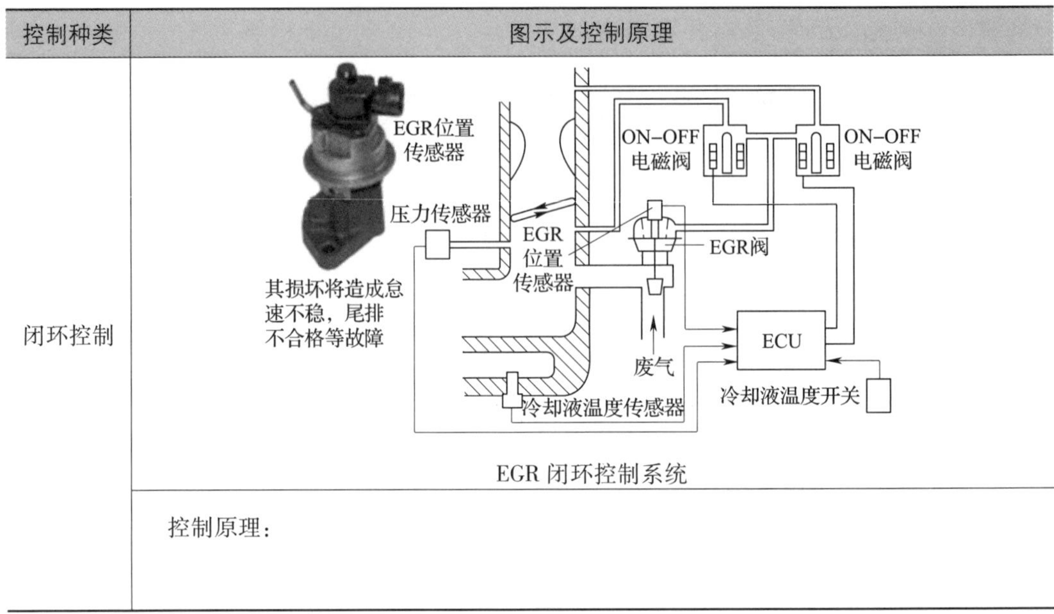 EGR 闭环控制系统
	控制原理：

（3）对 EGR 控制系统进行维护与检测，并填写下表。

维护与检测	检测结果	结果分析
1. 一般检查：软管及阀体	管路有无破损或漏气 有□　　无□ 阀体有无变形和开裂 有□　　无□	
2. 动态检查：起动发动机，发动机怠速时，拆下 EGR 阀上的真空软管，发动机转速有无变化？用手触试真空软管有无真空吸力？	发动机转速有无变化 有□　　无□ 有无真空吸力 有□　　无□	
3. 发动机达到正常工作温度，转速提高到 2 500 r/min 左右，拆下真空软管，发动机转速有无变化？用手触试真空软管有无真空吸力？	发动机转速有无变化 有□　　无□ 有无真空吸力 有□　　无□	
4. 查看电磁阀插头连接情况	电磁阀插头连接是否松动 是□　　否□	

续表

维护与检测	检测结果	结果分析
5. EGR 电磁阀阻值的检测	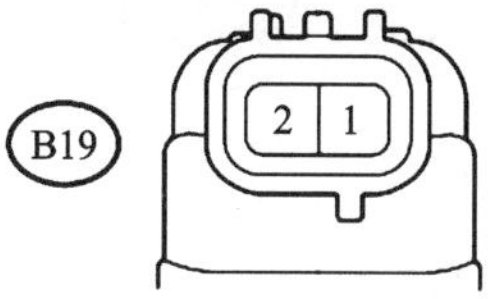 B19 2 1 电磁阀的阻值：____Ω	
6. EGR 电磁阀性能的检测 电磁阀不通电时，从进气管侧吹入空气是否畅通？ 从滤网处吹入是否畅通？ 接上蓄电池电压时，是否相反？	从进气管侧吹入空气是否畅通 是□　　否□ 从滤网处吹入空气是否畅通 是□　　否□	
7. EGR 阀的检查：用手动真空泵给 EGR 阀膜片上方施加约 15kPa 的真空度，EGR 阀能否开启？	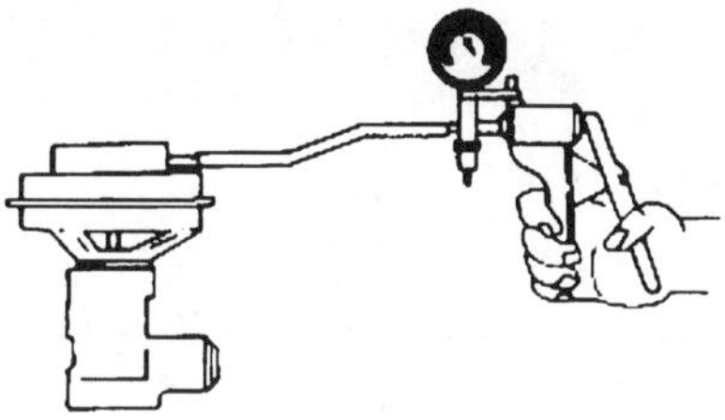 EGR 阀能否开启 能□　　否□	
8. 工作电压检测 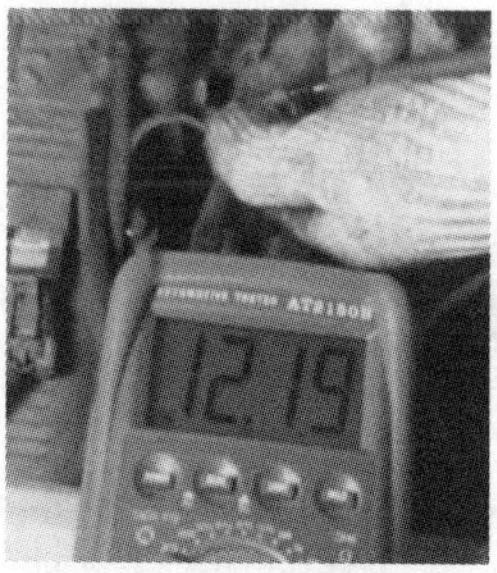	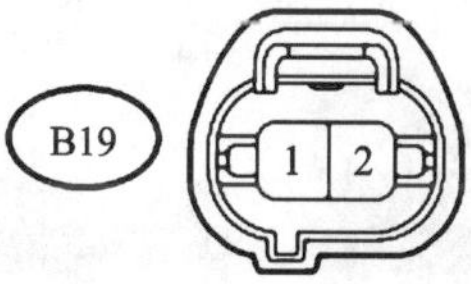 B19 1 2 闭合点火开关，测插接器____ 与搭铁间的电压值：________V 左右	
9. 用万用表测量电磁阀到 ECU 间线路的导通情况（查阅实训车维修手册）	电磁阀插接器____ 端子与 ECU 插接器端子间的电阻为______	
结论		
思考并操作：用发光二极管如何检测系统的工作情况		

（4）用诊断仪对 EGR 控制系统进行性能测试，并填写下表。

步骤	检查结果	结果分析
1. 将诊断仪连接在故障诊断插座上		
2. 起动发动机		
3. 起动检测仪，选择“测试动作元件”		
4. 检查软管是否对手指有吸力		
结论		

（5）用示波器对 EGR 控制系统进行检测，并填写下表。

步骤	检查结果	结果分析
1. 按照示波器使用说明进行连接		
2. 起动发动机到正常温度，并保持在 2 500 r/min 的转速下运转，观察分析 EGR 的控制波形	绘出示波器上 EGR 控制信号电压波形：	
结论		

5. 三元催化转换器与空燃比反馈控制系统

（1）在实训车上找到三元催化转化器，并填写下表。

一般安装于排气系统消声器前后

催化转换器（TWC）

它是由铂（或钯）和铑构成的混合物

TWC 的安装位置

三元催化转化器	英文缩写	
	安装位置	
	功用	
	组成	

（2）在实训车上找到并拆下三元催化转化器，查阅资料或汽车维修手册，写出影响转化效率的因素。

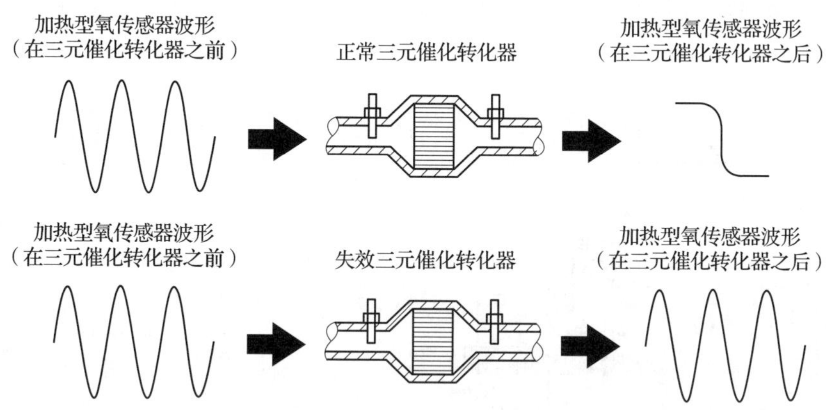

（3）写出 TWC 的使用注意事项。

6. 二次空气供给系统

（1）在实训车上找到二次空气供给系统，并查阅资料，向同组人员描述其功用。

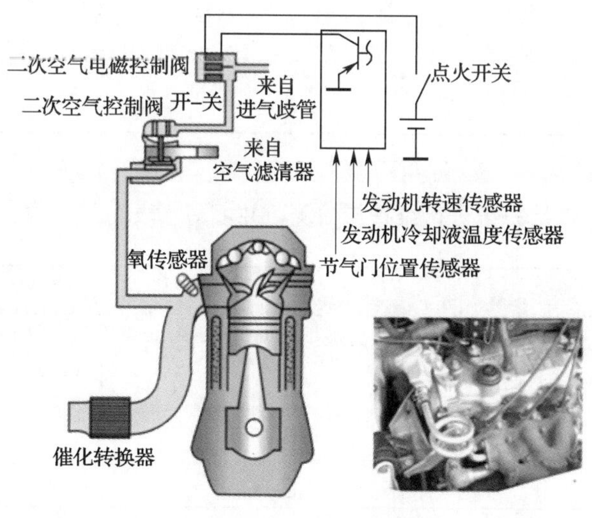

二次空气供给系统的组成

安装位置：一般装于＿＿＿＿＿＿＿＿＿＿＿＿＿＿＿＿＿＿＿＿，实训车上有无此系统＿＿＿＿＿。

功用：____

____

（2）在实训车上找到并拆下二次空气供给系统控制阀和电磁阀，查阅资料或汽车维修手册，叙述二次空气供给系统的组成及控制原理。

图　　示	序号	名 称	作用
	1		
	2		
	3		
	4		
	5		
	6		
控制原理			

（3）对二次空气供给系统进行维护与检测，并填写下表。

维护与检测	检测结果	结果分析
1. 一般检查：软管及阀体	管路有无破损或漏气 有□　　无□ 阀体有无变形和开裂 有□　　无□	
2. 动态检查 （1）拆下空气滤清器盖，低温起动发动机后，注意倾听	能否听到舌簧阀发出的“嗡、嗡”声 能□　　否□	

续表

维护与检测	检测结果	结果分析
（2）拆下二次空气供给软管并用手指堵住软管口，发动机温度在 18 ~ 63℃ 怠速运转时，有无真空吸力	有无真空吸力 有□　　　无□	
（3）温度在 63℃ 以上，起动后 70 s 内有无真空吸力	有无真空吸力 有□　　　无□	
（4）起动 70 s 后有无真空吸力	有无真空吸力 有□　　　无□	
（5）发动机转速从 4 000 r/min 急减速时，有无真空吸力	有无真空吸力 有□　　　无□	
3. 查看电磁阀插头连接情况	电磁阀插头连接是否松动 是□　　　否□	
4. 二次空气电磁阀阻值的检测	2 1 电磁阀的阻值：______Ω	
5. 二次空气控制阀性能检测 拆下二次空气控制阀，从空气滤清器侧软管接头吹入空气	是否畅通 是□　　　否□	
6. 用手动真空泵从真空管接头施加 20 kPa 真空度，从空气滤清器侧软管接头吹入空气时是否通畅	是否通畅 是□　　　否□	

续表

维护与检测	检测结果	结果分析
7. 工作电压检查	闭合点火开关，测插接器______与______搭铁间的电压值：________V 左右	
8. 用万用表测量二次空气电磁阀到 ECU 间线路的导通情况（查阅实训车维修手册）	电磁阀插接器______端子与 ECU 插接器______端子间的电阻为______	
结论		
思考并操作：用发光二极管如何检测系统的工作情况		

（4）用诊断仪对二次空气供给系统进行性能测试，并填写下表。

步骤	检查结果	结果分析
1. 将诊断仪连接在故障诊断插座上		
2. 起动发动机		
3. 起动检测仪，选择“测试动作元件”		
4. 检查软管是否对手指有吸力		
结论		

（5）用示波器对二次空气供给系统进行检测，并填写下表。

步骤	检查结果	结果分析
1. 按照示波器使用说明进行连接		
2. 起动发动机到正常温度，并保持在 2 500 r/min 的转速下运转，观察分析二次空气供给系统的控制波形	绘出示波器上二次空气供给系统信号电压波形：	
结论		

二、数据流的读取与分析

1. 根据故障现象，读取故障码；如无故障码，则应初步确认故障范围。利用发动机诊断仪选择并读取数据流填入下表中，并对其进行分析。

传感器名称	标准数值范围	实际读取的数值	分析
发动机转速			
负荷			
进气温度传感器			
节气门开度			
进气压力			
大气压力			
水温			
点火提前角			
EGR 电磁阀			
前氧传感器电压			
后氧传感器电压			
前氧传感器修正值			
后氧传感器修正值			
喷油脉宽			
空调开关信号			
动力转向开关信号			
燃油蒸发回收电磁阀			
VVT 电磁阀			
电子油门位置开度			
冷却风扇开关信号			

2. 在读取数据流时，发现氧传感器工作电压过低，一直显示在0.3 V以下，其主要原因有：

(1) ____________ (2) ____________

(3) ____________ (4) ____________

(5) ____________ (6) ____________

根据基本检查情况填写下表：

检查项目	检查结果	结果分析

3. 如果氧传感器工作电压过高，一直显示在0.6 V以上，其主要原因有：

(1) ____________ (2) ____________

(3) ____________ (4) ____________

(5) ____________ (6) ____________

根据基本检查情况填写下表：

检查项目	检查结果	结果分析

学习活动 3　维修方案制订

学习目标

1. 能查阅相关资料，说明电控发动机故障诊断的基本原则。

2. 能制订发动机故障灯亮故障的检测与维修方案。

3. 能在作业过程中自我检查贯彻的情况，做好过程记录。

建议学时：12 学时

学习过程

一、电控发动机故障诊断的基本原则

查阅相关资料，写出电控发动机故障诊断基本原则的具体内容。

1. 先简后繁、先易后难原则

2. 先思后行、先熟后生原则

3. 先上后下、先外后里原则

4. 代码优先原则

二、分析故障原因

1. 采用头脑风暴法，讨论并绘制发动机故障灯亮的故障分析鱼骨图。

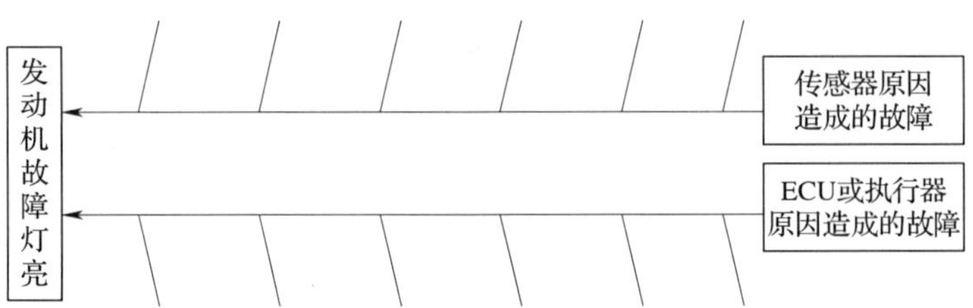

2. 查阅资料和汽车维修手册，收集引起发动机故障灯亮的原因，并完成下列鱼骨图（对于传感器和执行元件引起的原因，不写出具体传感器和执行器，只写出普遍现象即可）。

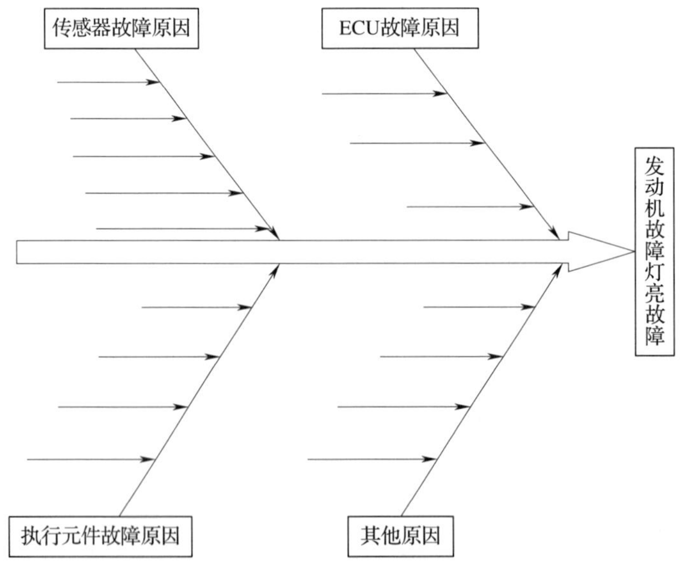

三、制订故障维修方案

当发动机故障灯亮时，首先要对故障进行确认，接着完成一些基本检查，通过检查确定故障点。制订发动机故障灯亮故障的维修方案。

序号	工作步骤	具体描述	工具/设备/用品
1	接车谈话，接受委托		维修委托单
2	车辆信息登记		车辆信息登记表
3	安全防护		三角木、三件套、抽排气装置
4	确认故障、初检	验证故障灯亮。打开点火开关时注意观察仪表板故障指示灯、发动机转速表、起动机转速等情况 做好外观检查，查看主要接插件有无松脱等	
5	读取故障码、数据流（定格数据）	有故障码，转至5 无故障码，转至6	故障检测仪、记录纸
6	查阅诊断故障码表	根据故障码表提示检修	
7	执行基本检查	检查蓄电池电压 检查发动机转动阻力 检查喷油器的工作情况 检查点火正时、高压跳火情况	万用表、听诊器、备用火花塞、油压表、汽缸压力表
8	读取波形并进行分析	如无故障码，数据流又不能显示时，根据检测结果对相关部件信息进行波形分析	
9	检查测量有故障的系统		
10	排除故障		
11	竣工检验		

学习活动4　故障诊断与排除

学习目标

1. 能根据所制订的维修方案，进行发动机故障灯亮故障的检修。

2. 作业过程中遵守安全操作规范及5S管理要求。

3. 能在作业过程中自我检查贯彻的情况，做好过程记录。

建议学时：8学时

学习过程

一、故障诊断与排除方法

1. 根据所制订的维修方案和检查情况，在实训车上实施故障排除作业（可由教师预先设置故障），并补全下表。

操作步骤	排除方法	验证
1. 检修熔丝和继电器情况		
2. 检修插头连接情况		
3. 检修传感器或执行器		
4. 检修ECU供电情况		

续表

操作步骤	排除方法	验证
5. 检查信号或控制情况		
6. 用万用表测量线路的导通情况		
7. 检查机械阻力或卡滞情况		
8. 其他检查		
结论		

2. 对下列案例进行分析，并回答下表中的问题。

案例：一辆福特福克斯汽车行驶里程约为 34 000 公里，长期在市区道路行驶，据车主反映最近该车每天早上起动车辆后，发动机故障灯亮，车发抖，加油不畅，天气越冷故障现象越严重，但起动 2 ~ 3 min 后正常。此车在 4S 店换过空气滤清器、火花塞、点火线圈、汽油泵、汽油滤芯，清洗过电动节气门、喷油嘴、水温传感器等，但处理后效果不明显，故障现象仍然存在。该车送到汽修厂后，汽修厂王技师首先检查并排除了进气系统、点火系统、供油系统、传感器等部位存在问题的可能性，最终根据发动机的工作原理，判断该车极有可能是积碳过多，造成喷油器喷出的雾化汽油被积碳吸收掉一部分，最终导致发动机工作不良，只有当积碳吸收的汽油达到饱和状态后，该现象消失，恰好和车主反映的情况相符合。拆下进气歧管后发现进、排气门上堆积了很厚一层积碳，清洗进气歧管和进、排气门积碳后，该车故障现象消失。该车长期行驶在市区道路，车速较低，易形成积碳，因而王技师建议车主经常跑一下高速，对发动机有好处，可让部分积碳排出发动机外。

序号	问题	答案	解释
1	王技师分析得是否正确		
2	王技师的诊断有无不合理的地方		

续表

序号	问题	答案	解释
3	4S 店的工作存在什么问题		
4	分析发动机故障灯亮的原因		
5	写出你的诊断步骤		

二、填写故障诊断作业记录表

故障诊断作业记录表

班级__________　　姓名__________

整车型号		发动机型号	
车辆识别码			

项目	作业记录
1. 前期准备	
2. 安全检查	

发动机无法起动	作业记录
故障诊断	1. 故障代码：________________ 2. 大致故障方位描述： 3. 部件测试情况：

续表

发动机无法起动	作业记录
故障排除	1. 故障点描述： 2. 维修措施：

三、成果展示

设计发动机故障灯亮故障的诊断与排除的工艺规范。

依据实训车辆或相关资料、维修手册，各小组设计制作一份发动机故障灯亮的故障诊断与排除工艺卡，并向其他组员展示和说明。

参考工艺卡的格式和项目如下：

工序	工艺内容及工艺技术要求	工量具	设备	消耗材料及易损件	备注
1					
2					
3					
4					
…					
…					
操作者：　　日期：　　校对：　　日期：　　指导教师：　　日期：					

学习活动 5　竣工检验与评价

学习目标

1. 能查阅维修手册，检验发动机故障灯亮故障的排除情况。

2. 能以小组为单位进行故障维修成果展示。

3. 能进行自我评价与反馈，发现工作中的问题并改进。

4. 能总结和归纳排除故障过程中的宝贵经验。

建议学时：4 学时

学习过程

一、检查故障排除情况

1．按照下表内容检查故障排除情况，写出步骤、方法、验证结果及个人心得体会。

检查项目	步骤和方法	验证结果
发动机是否能起动		
故障灯是否点亮		
发动机是否有故障码		

续表

检查项目	步骤和方法	验证结果
发动机运转情况		
传感器情况		
ECU 和执行器情况		
路试情况		
个人心得体会		
教师评价		

2. 确认故障已经排除后，写出引起该故障的可能原因。

3．填写出厂检验单。

出厂检验单

牌照号		出厂日期		业务员				
发动机部分						传动部分		
机油压力		油液面				手动变速箱	离合器自由行程：	
各种工况是否良好		各部有无渗漏					离合器分离情况：	
尾气排放		怠速		高速		自动变速箱		
	CO（%）					有无渗漏：		
	HC（ppm）					换挡情况：		
	氮氧化物					油面情况：		油质情况：
	结果					传动轴胶套：		有无异响：
转向悬挂系统	方向机是否有异响：		皮套状况：			制动系统	制动管路有无渗漏：	
	转向拉杆情况：						路试情况	制动距离：　m
	液压系统是否漏油		油面					在2.5 m宽车道内跑偏情况：
	直接行驶是否跑偏		油质					20%坡道驻车制动情况：
	悬挂系统是否正常：							有无刹车异响：
	四轮定位检测记录					空调系统	低压： bar	高压： bar
		前轮		后轮			出风口温度：	有无渗漏：
	外倾角	左	右	左	右		压缩机运转：	鼓风机运转：
	单轮束	左	右	左	右		冷却风扇运转情况：	
	后倾角	左	右			检验结论：		
电器系统	前照灯检测记录							
	发光强度	左		右				
	光照位置	左		右		检验员：　主修人：　日期：		
	灯光、信号是否齐全					用户签字：		
	备用电设备是否正常							
质量保证期： 按国家及各企业标准施行								

二、总结与评价

1．总结经验。在检查、分析、判断和故障排除过程中，是否走了弯路或有重复动作，今后排除故障时如何才能快速、准确地找到并排除故障，做到事半功倍？

项目名称	原因	改进措施
多余的步骤		
重复的动作		
遗漏的项目		
总结		

2. 合理建议。根据故障诊断与排除情况，推断车主的驾驶习惯、日常维护缺陷以及由此引起的车辆损伤情况等，向客户建议合理的使用方法和日常维护方法，并填写下表。

项目名称	不正确的操作/方法	建议
驾驶和操作		
维护和保养		
其他		

3. 填写任务评价表。

班级： 组别： 姓名：

<table>
<tr><th rowspan="2">项目</th><th rowspan="2">评价内容</th><th colspan="3">评价等级
（学生自评）</th></tr>
<tr><th>A</th><th>B</th><th>C</th></tr>
<tr><td rowspan="5">关键能力
考核项目</td><td>遵守纪律，遵守学习场所管理规定，服从安排</td><td></td><td></td><td></td></tr>
<tr><td>安全意识、责任意识、5S 管理意识，注重节约、节能与环保</td><td></td><td></td><td></td></tr>
<tr><td>学习态度积极主动，能参加实习安排的活动</td><td></td><td></td><td></td></tr>
<tr><td>有团队合作意识，注重沟通，能自主学习及相互协作</td><td></td><td></td><td></td></tr>
<tr><td>仪容仪表符合活动要求</td><td></td><td></td><td></td></tr>
<tr><td rowspan="5">专业能力
考核项目</td><td>按时按要求独立完成工作页</td><td></td><td></td><td></td></tr>
<tr><td>工具、设备选择得当，使用符合技术要求</td><td></td><td></td><td></td></tr>
<tr><td>操作规范，符合要求</td><td></td><td></td><td></td></tr>
<tr><td>学习准备充分、齐全</td><td></td><td></td><td></td></tr>
<tr><td>注重工作效率与工作质量</td><td></td><td></td><td></td></tr>
<tr><td>小组评语
及建议</td><td></td><td colspan="3">组长签名：
年 月 日</td></tr>
<tr><td>教师评语
及建议</td><td></td><td colspan="3">教师签名：
年 月 日</td></tr>
</table>

学习任务四评价表

班级：__________　　姓名：__________　　学号：__________

<table>
<tr><th rowspan="3">项目</th><th colspan="3">自我评价</th><th colspan="3">小组评价</th><th colspan="3">教师评价</th></tr>
<tr><th>10 ~ 9</th><th>8 ~ 6</th><th>5 ~ 1</th><th>10 ~ 9</th><th>8 ~ 6</th><th>5 ~ 1</th><th>10 ~ 9</th><th>8 ~ 6</th><th>5 ~ 1</th></tr>
<tr><th colspan="3">占总评 10%</th><th colspan="3">占总评 30%</th><th colspan="3">占总评 60%</th></tr>
<tr><td>学习活动 1</td><td></td><td></td><td></td><td></td><td></td><td></td><td></td><td></td><td></td></tr>
<tr><td>学习活动 2</td><td></td><td></td><td></td><td></td><td></td><td></td><td></td><td></td><td></td></tr>
<tr><td>学习活动 3</td><td></td><td></td><td></td><td></td><td></td><td></td><td></td><td></td><td></td></tr>
<tr><td>学习活动 4</td><td></td><td></td><td></td><td></td><td></td><td></td><td></td><td></td><td></td></tr>
<tr><td>学习活动 5</td><td></td><td></td><td></td><td></td><td></td><td></td><td></td><td></td><td></td></tr>
<tr><td>协作精神</td><td></td><td></td><td></td><td></td><td></td><td></td><td></td><td></td><td></td></tr>
<tr><td>纪律观念</td><td></td><td></td><td></td><td></td><td></td><td></td><td></td><td></td><td></td></tr>
<tr><td>表达能力</td><td></td><td></td><td></td><td></td><td></td><td></td><td></td><td></td><td></td></tr>
<tr><td>工作态度</td><td></td><td></td><td></td><td></td><td></td><td></td><td></td><td></td><td></td></tr>
<tr><td>安全意识</td><td></td><td></td><td></td><td></td><td></td><td></td><td></td><td></td><td></td></tr>
<tr><td>任务总体表现</td><td></td><td></td><td></td><td></td><td></td><td></td><td></td><td></td><td></td></tr>
<tr><td>小计</td><td colspan="3"></td><td colspan="3"></td><td colspan="3"></td></tr>
<tr><td>总评</td><td colspan="9"></td></tr>
</table>

任课教师：________　　年　　月　　日

学习任务五　发动机水温高故障诊断与排除

学习目标

1. 能根据故障现象进行故障分析，判断发动机水温高的故障点。
2. 能查阅相关资料，制订故障诊断流程。
3. 能利用检测设备规范地检测和排除故障。
4. 能对检测数据进行记录、分析、判断，并最终排除故障。
5. 能进行团队成员的有效沟通与协同作业。
6. 能根据5S管理规定进行现场操作。

建议学时

50学时

工作情境描述

一辆捷达车主将车开到维修站，车主反映该车在行驶过程中水温表温度指示高且伴随着报警灯闪亮，进厂时里程表显示为13 000公里，据车主反映该车日常保养较好。经维修技师检查发现，初步判断为冷却系统故障。现需要对相关部件进行检查，根据维修手册要求，在规定时间（参照维修资料）内完成汽车发动机故障诊断与排除，完成后交付班组长验收。

工作流程与活动

学习活动 1　任务分析及检查

学习活动 2　维修方案制订

学习活动 3　故障诊断与排除

学习活动 4　竣工检验与评价

学习活动1　任务分析及检查

学习目标

1. 能对水温高故障进行初步分析，确定故障点。
2. 能掌握汽车发动机冷却系统基本知识。
3. 能参照维修手册，实施发动机冷却系统外观检查。

建议学时：16 学时

学习过程

一、填写车辆基本信息

模拟客服人员接车，并填写接车单。

××汽车维修服务有限公司接车单

客户姓名		联系地址			
客户联系电话		车牌号		接车日期	
车型		车辆 VIN 码			
里程数		发动机型号			
用户描述的故障现象					
服务顾问诊断得出初步意见					
服务顾问的建议					

续表

<table>
<tr><td colspan="2">功能确认：（正常√　不正常 ×）
□音响系统　□点烟器
□中央门锁　□后视镜
□天窗　□四门玻璃升降</td><td colspan="2">外观确认：
（如有损伤，在相应部位作标记）</td></tr>
<tr><td colspan="2">油量确认：
F
E</td><td colspan="2">物品确认：（有√　无 ×）
□随车工具　□千斤顶
□贵重物品已提醒用户带离车辆
□备胎　□灭火器
□其他（　　　　　　）</td></tr>
<tr><td>服务顾问提醒</td><td colspan="3">①本次检查出的故障如在本站维修，检查工费不另收取；如不在本站维修，则检查工费应由用户支付，本次检查工费为：¥ ______元。
②维修旧件处理：□用户要求带走　□用户选择不带。
③本站已提醒用户将车内贵重物品带离车辆并妥善保管，如有丢失恕与本站无关。</td></tr>
<tr><td>服务顾问</td><td></td><td>用户确认</td><td></td></tr>
</table>

二、故障分析与前期准备

1. 查阅相关资料，列举发动机冷却系统的故障现象及故障原因。

2. 观看相关视频，列举发动机冷却系统检修的注意事项。

3. 查阅相关资料，在下表中补充各序号所对应的部件名称，并说明图片中的各部件在汽车维护中的作用。

<table>
<tr><td colspan="2">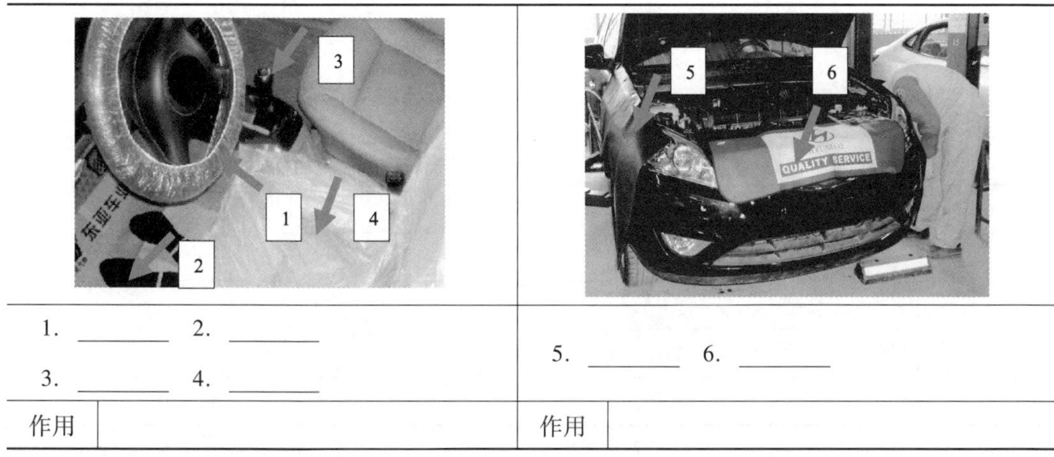
</td><td colspan="2"></td></tr>
<tr><td colspan="2">1. ________ 2. ________
3. ________ 4. ________</td><td colspan="2">5. ________ 6. ________</td></tr>
<tr><td>作用</td><td></td><td>作用</td><td></td></tr>
</table>

三、冷却系统基本知识

1. 根据下图，写出冷却系统各部件的名称及作用。

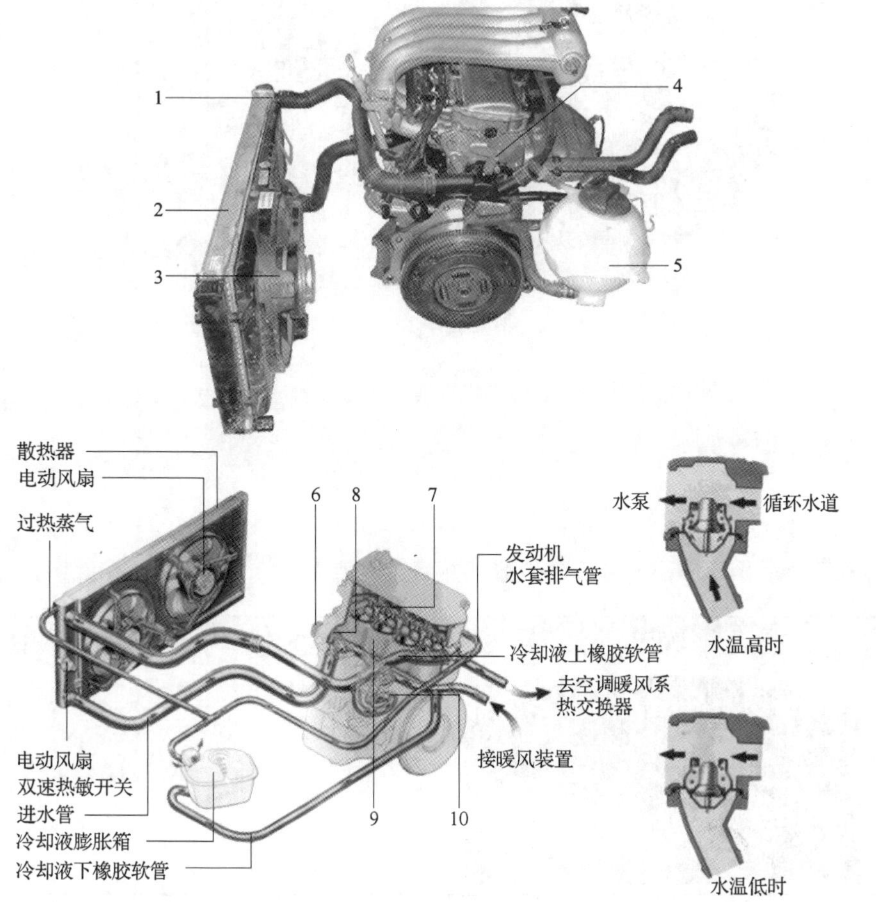

序号	名称	作用
1		
2		
3		
4		
5		
6		
7		
8		
9		
10		

2. 根据下列两图，分析发动机有哪几种冷却方式?

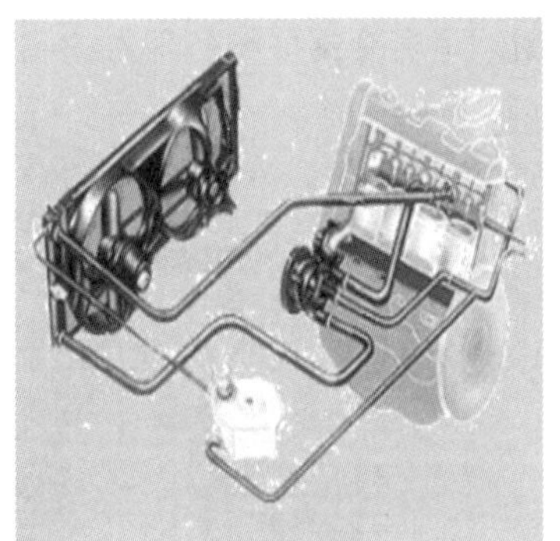

3. 在下表各图中画出水温表的位置，并简述其特点。

仪表图片	特点

续表

仪表图片	特点

4. 根据捷达轿车冷却系统的结构特点，绘制三种型号轿车冷却系统的结构及位置示意图。

车型	冷却系统结构及位置示意图
车型一	
车型二	
车型三	

5. 参照维修手册，目测完成发动机冷却系统的基本检查，并填写下表。

发动机冷却系统拆装部位检查主要内容				
序号	检查项目	检查内容	检查结果	备注
1	散热器			
2	节温器			
3	防冻液			
4	传感器			
5	风扇			

四、成果展示

1. 各小组就车指出发动机冷却系统各部件的位置。

2. 上网下载某车型发动机冷却系统控制电路图，并向其他组员分析展示。

学习活动 2　维修方案制订

学习目标

1. 能查阅相关资料，制订冷却系统的维护作业计划。

2. 能正确拆检发动机冷却系统零部件。

3. 能制订发动机水温高故障的检测与维修方案。

4. 能在作业过程中自我检查贯彻的情况，做好过程记录。

建议学时：10 学时

学习过程

一、认识发动机冷却系统

1. 结合冷却系统工作原理，对客户提出冷却系统日常维护建议。

工作原理：

日常维护建议：

2. 根据捷达车型的风扇控制原理电路图说明其标注数字的含义，用笔画出风扇工作时电流的流向，并说明风扇的工作过程。

标号	含　义
1	
2	
3	
4	
5	
6	
7	
8	

风扇的工作过程：

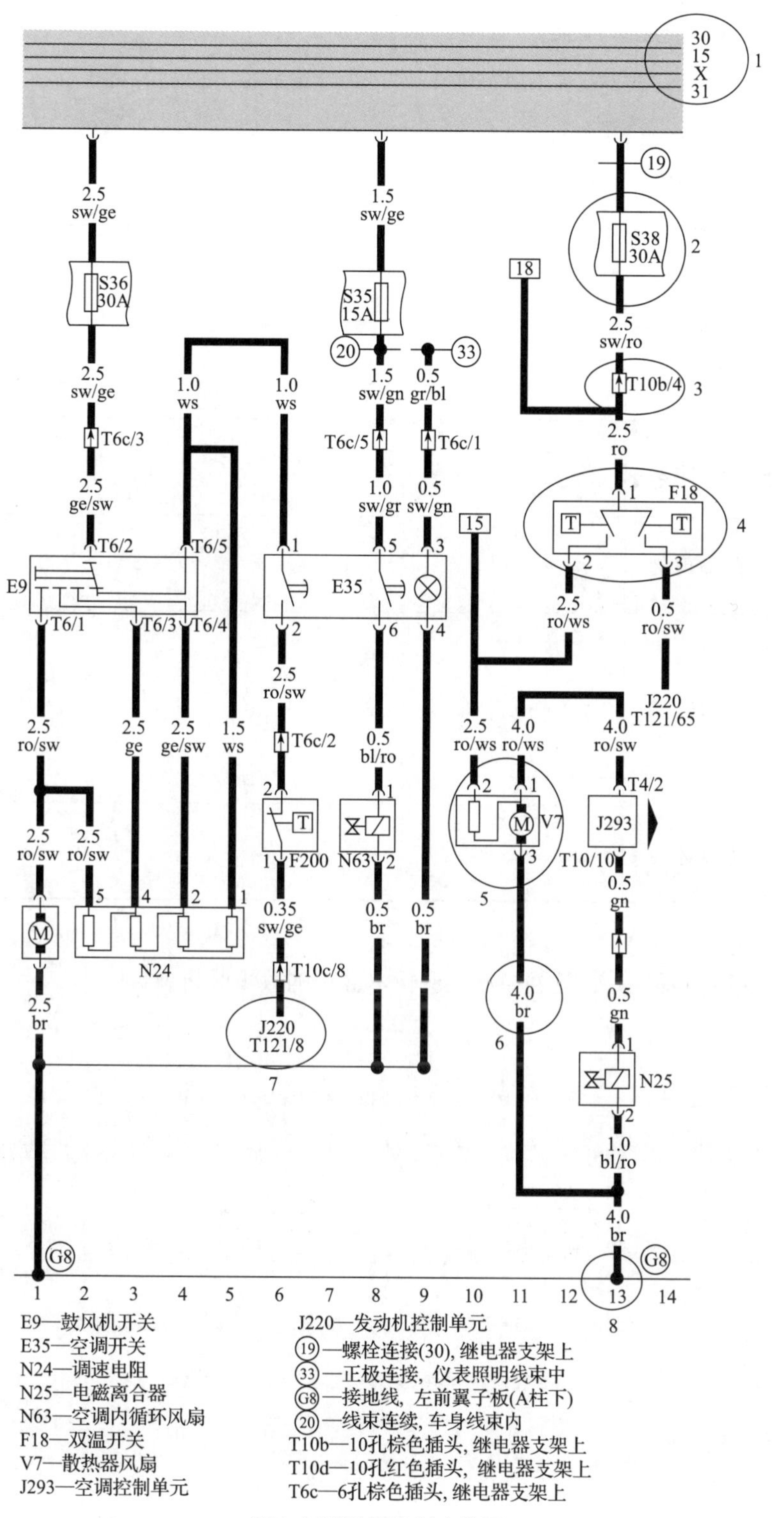

捷达车型风扇控制电路图

二、制订故障维修方案

1. 列举发动机水温高的两个典型案例，写出故障排除过程和心得体会。

案例一	故障现象	
	故障排除过程	
	心得体会	
案例二	故障现象	
	故障排除过程	
	心得体会	

2. 采用头脑风暴法，讨论并绘制发动机水温高的故障分析鱼骨图。

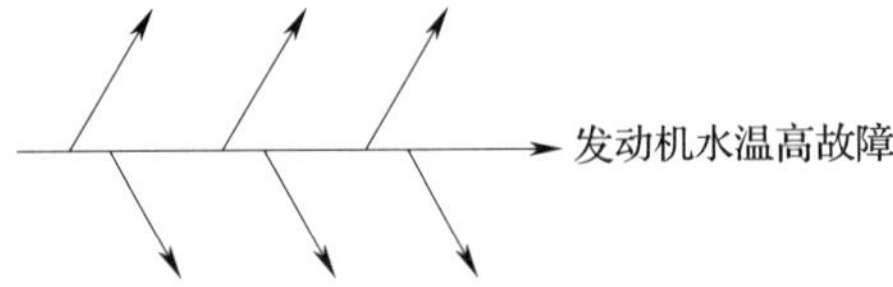

3．制订发动机水温高故障的检测维修方案。

方案名称____________________

一、任务目标及依据

（概括说明本次任务要达到的目标及相关文件和技术资料）

二、工作内容安排

（列出工作流程、工作要求、工量具/材料、人员及时间安排等）

工作流程	工作要求	工量具/材料	人员安排	时间安排

三、验收标准

（本项目最终验收项目的标准）

四、安全注意事项及防护措施等 （对冷却系统检查的安全注意事项及防护措施，废弃物处理等进行具体说明）

4. 根据冷却系统的水流特点，查阅相关资料，填写下表。

图片	冷却液的作用	资料来源
节气门体		
机油滤清器		

续表

图片	冷却液的作用	资料来源
 自动变速器		

三、成果展示

1. 根据实训车辆或相关资料、维修手册，以小组为单位，画出冷却系统风扇的控制电路图，并向其他组员展示与说明。

2. 根据学习过程结果，以小组为单位，在实训车上展示故障可能发生的部位。

学习活动3　故障诊断与排除

学习目标

1. 能查阅维修手册和相关资料，描述冷却液的更换步骤和注意事项。

2. 能根据所制订的维修方案，进行发动机水温高故障的检修。

3. 作业过程中遵守安全操作规范及5S管理要求。

4. 能在作业过程中自我检查贯彻的情况，做好过程记录。

建议学时：20学时

学习过程

一、冷却液的更换

1. 查阅相关资料，对照下图说明冷却液的更换步骤。

冷却液的更换

2. 更换冷却液时有哪些注意事项?

二、冷却系统故障排除

1. 根据下表所示图片，写出冷却系统零部件的检修内容、标准及方法。

图片	检修内容、标准及方法
软管 散热器盖测试器	检修内容： 标准： 方法：
	检修内容： 标准： 方法：
	检修内容： 标准： 方法：

续表

图片	检修内容、标准及方法
	检修内容： 标准： 方法：
≥8mm	检修内容： 标准： 方法：
	检修内容： 标准： 方法：
	检修内容： 标准： 方法：

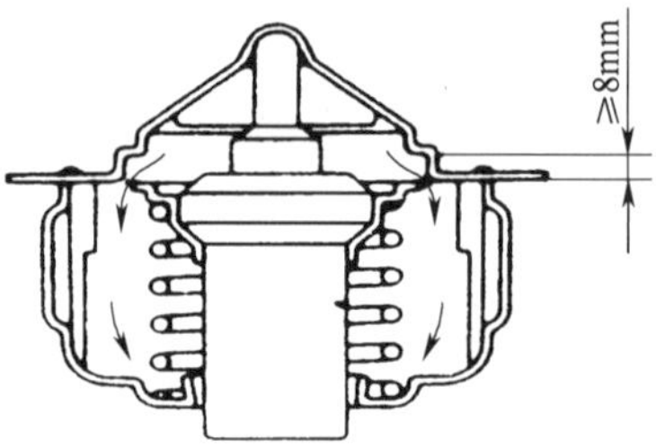

续表

图片	检修内容、标准及方法
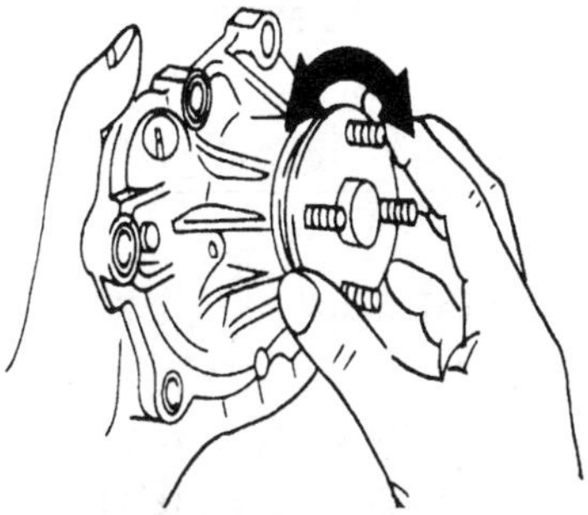	检修内容： 标准： 方法：
	检修内容： 标准： 方法：

2. 根据任务实施情况，总结故障诊断与排除的要点。

3. 根据任务实施过程，写出故障诊断与排除所需使用的工具名称、规格、数量及用途。

序号	工具名称	规格	数量	用途
1	车辆			设置故障、排除故障
2	工具车			拆装用
3				检测车辆故障码
4	万用表			

续表

序号	工具名称	规格	数量	用途
5	温度表			温度检测
6	烧杯			
7				用于检测节温器的开度数值

4. 下列左列所示为发动机冷却系统零部件名称，右列所示为发动机冷却系统故障现象，将两列内容对应起来进行连线。

水泵	排气管冒白烟
汽缸垫	水箱冒泡
上下水管	发动机舱冒白雾
水泵皮带	发动机异响
冷却风扇	冷却风扇工作异常
冷却液位置	仪表显示异常
温控开关	上下水管温差异常
水温传感器	上下水管压力异常
节温器	漏水
水温表	皮带异响

三、成果展示

1. 设计发动机水温高故障的诊断与排除的工艺规范。

依据实训车辆或相关资料、维修手册，各小组设计制作一份发动机水温高的故障诊断与排除工艺卡，并向其他组员展示和说明。

参考工艺卡的格式和项目如下：

工序	工艺内容及工艺技术要求	工量具	设备	消耗材料及易损件	备注
1					
2					
3					
4					
…					
…					
操作者：	日期：	校对：	日期：	指导教师：	日期：

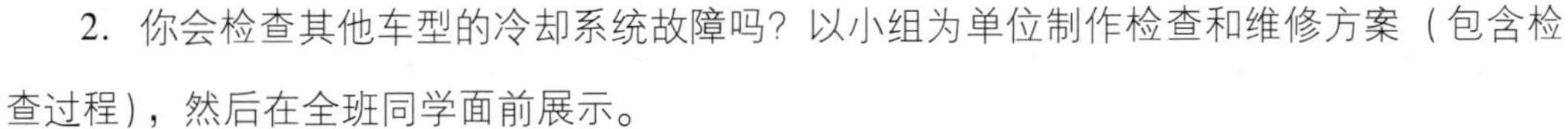

2. 你会检查其他车型的冷却系统故障吗？以小组为单位制作检查和维修方案（包含检查过程），然后在全班同学面前展示。

四、总结与评价

1. 简述发动冷却系统水温传感器和节温器的检修方法。

2. 简述更换冷却液的工作过程。

3. 根据任务实施过程，按照操作评价表的项目进行自评，并总结完成任务过程中的经验和教训。

操作评价表

环节	评价点	配分	自评
散热器检查与更换（20分）	外观检查（3分）	检查正确得3分 错一项扣1分	
	功能检查（3分）	检查正确得3分 错一项扣1分	
	泄漏检查（10分）	检查正确得10分 错一项扣2分	
	压力检查（4分）	检查正确得4分 错一项扣1分	

续表

环节	评价点	配分	自评
冷却液检查与更换（30分）	液面检查（3分）	检查正确得3分 错一项扣1分	
	冰点检查（3分）	检查正确得3分 错一项扣1分	
	变质检查（14分）	检查正确得14分 错一项扣2分	
	冷却液更换（10分）	更换正确得10分 错一项扣2分	
节温器检查与更换（15分）	节温器检查（10分）	检查正确得10分 错一项扣2分	
	节温器更换（5分）	更换正确得5分 错一项扣1分	
	其他检查	有其他检查得2分， 没有不加分	
冷却液温度传感器检查与更换（15分）	传感器线路检查（5分）	检查正确得5分 错一项扣2分	
	传感器电压、电阻检查（5分）	检查正确得5分 错一项扣2分	
	传感器更换（5分）	更换正确得5分 错一项扣2分	
风扇检查与更换（20分）	风扇功能检查（10分）	检查正确得10分 错一项扣2分	
	风扇更换（10分）	更换正确得10分 错一项扣2分	

学习活动 4　竣工检验与评价

学习目标

1. 能查阅维修手册，检验发动机水温高故障的排除情况。

2. 能以小组为单位进行故障维修成果展示。

3. 能进行自我评价与反馈，发现工作中的问题并改进。

4. 能总结和归纳排除故障过程中的宝贵经验。

建议学时：4 学时

学习过程

一、资料查询

查阅国家标准《机动车运行安全技术条件》（GB 7258—2012）中有关冷却系统的检验标准，并将主要内容摘抄下来。

二、检查故障排除情况

1. 按照下表内容检查故障排除情况，写出步骤、方法、验证结果及个人心得体会。

检查项目	步骤和方法	验证结果
系统是否有泄漏情况		
水温表指示情况		
发动机是否有故障码		
节温器打开情况		
发动机数据流（水温）		
冷却风扇工作情况		
路试情况		
个人心得体会		
教师评价		

2. 确认故障已经排除后，写出引起该故障的可能原因。

3. 填写出厂检验单。

出厂检验单

牌照号		出厂日期		业务员	

发动机部分					
机油压力		油液面			
各种工况是否良好		各部有无渗漏			
尾气排放		怠速		高速	
	CO（%）				
	HC（ppm）				
	氮氧化物				
	结果				

传动部分		
手动变速箱	离合器自由行程：	
	离合器分离情况：	
自动变速箱		
有无渗漏：		
换挡情况：		
油面情况：		油质情况：
传动轴胶套：		有无异响：

转向悬挂系统					
	方向机是否有异响：		皮套状况：		
	转向拉杆情况：				
	液压系统是否漏油		油面		
	直接行驶是否跑偏		油质		
	悬挂系统是否正常：				
	四轮定位检测记录				
		前轮		后轮	
	外倾角	左	右	左	右
	单轮束	左	右	左	右
	后倾角	左	右		

制动系统		
	制动管路有无渗漏：	
	路试情况	制动距离：　m
		在2.5 m宽车道内跑偏情况：
		20%坡道驻车制动情况：
		有无刹车异响：

空调系统		
	低压： bar	高压： bar
	出风口温度：	有无渗漏：
	压缩机运转：	鼓风机运转：
	冷却风扇运转情况：	

电器系统					
	前照灯检测记录				
	发光强度	左		右	
	光照位置	左		右	
	灯光、信号是否齐全				
	各用电设备是否正常				

检验结论：		
检验员：	主修人：	日期：
用户签字：		

质量保证期：

按国家及各企业标准施行

三、总结与评价

1. 总结经验。在检查、分析、判断和故障排除过程中，是否走了弯路或有重复动作，今后排除故障时如何才能快速、准确地找到并排除故障，做到事半功倍？

项目名称	原因	改进措施
多余的步骤		
重复的动作		
遗漏的项目		
总结		

2. 合理建议。根据故障诊断与排除情况，推断车主的驾驶习惯、日常维护缺陷以及由此引起的车辆损伤情况等，向客户建议合理的使用方法和日常维护方法，并填写下表。

项目名称	不正确的操作/方法	建议
驾驶和操作		
维护和保养		
其他		

3. 填写任务评价表。

班级：　　　　　　　　组别：　　　　　　　　姓名：

项目	评价内容	评价等级（学生自评）		
		A	B	C
关键能力考核项目	遵守纪律，遵守学习场所管理规定，服从安排			
	安全意识、责任意识、5S 管理意识，注重节约、节能与环保			
	学习态度积极主动，能参加实习安排的活动			
	有团队合作意识，注重沟通，能自主学习及相互协作			
	仪容仪表符合活动要求			
专业能力考核项目	按时按要求独立完成工作页			
	工具、设备选择得当，使用符合技术要求			
	操作规范，符合要求			
	学习准备充分、齐全			
	注重工作效率与工作质量			
小组评语及建议		组长签名： 年　月　日		
教师评语及建议		教师签名： 年　月　日		

学习任务五评价表

班级：__________ 姓名：__________ 学号：__________

项目	自我评价			小组评价			教师评价		
	10 ~ 9	8 ~ 6	5 ~ 1	10 ~ 9	8 ~ 6	5 ~ 1	10 ~ 9	8 ~ 6	5 ~ 1
	占总评 10%			占总评 30%			占总评 60%		
学习活动 1									
学习活动 2									
学习活动 3									
学习活动 4									
协作精神									
纪律观念									
表达能力									
工作态度									
安全意识									
任务总体表现									
小计									
总评									

任课教师：________ 年 月 日

学习任务六　发动机机油灯亮故障诊断与排除

学习目标

1. 能根据故障现象进行故障分析，判断发动机机油灯亮的故障点。
2. 能查阅相关资料，制订故障诊断流程。
3. 能利用检测设备规范地检测和排除故障。
4. 能对检测数据进行记录、分析、判断，并最终排除故障。
5. 能进行团队成员的有效沟通与协同作业。
6. 能根据5S管理规定进行现场操作。

建议学时

50学时

工作情境描述

一辆奥迪车主将车开到维修站，车主反映该车在行驶过程中突然冒蓝烟、发动机无力，并伴随着机油压力指示灯闪亮等现象，进厂时里程表显示为20 000公里，据车主反映该车日常保养较好。经维修技师检查发现，发动机机油故障灯亮，初步判断为发动机润滑系统故障。现需要对相关部件进行检查，根据维修手册要求，在规定时间（参照维修资料）内完成汽车发动机故障诊断与排除，完成后交付班组长验收。

工作流程与活动

学习活动 1　任务分析及检查

学习活动 2　维修方案制订

学习活动 3　故障诊断与排除

学习活动 4　竣工检验与评价

学习活动1　任务分析及检查

学习目标

1. 能对机油灯亮故障进行初步分析，确定故障点。
2. 能掌握汽车发动机润滑系统基本知识。
3. 能掌握机油指示灯和机油压力传感器的作用和安装位置。
4. 能参照维修手册，实施发动机润滑系统外观检查。

建议学时：16 学时

学习过程

一、填写车辆基本信息

模拟客服人员接车，并填写接车单。

××汽车维修服务有限公司接车单

客户姓名		联系地址			
客户联系电话		车牌号		接车日期	
车型		车辆 VIN 码			
里程数		发动机型号			
用户描述的故障现象					
服务顾问诊断得出初步意见					

续表

<table>
<tr><td>服务顾问的建议</td><td colspan="3"></td></tr>
<tr><td colspan="2">功能确认：（正常√ 不正常×）
□音响系统 □点烟器
□中央门锁 □后视镜
□天窗 □四门玻璃升降</td><td colspan="2" rowspan="2">外观确认：
（如有损伤，在相应部位作标记）</td></tr>
<tr><td colspan="2" rowspan="2">油量确认：
F
E</td></tr>
<tr><td colspan="2">物品确认：（有√ 无×）
□随车工具 □千斤顶
□贵重物品已提醒用户带离车辆
□备胎 □灭火器
□其他（ ）</td></tr>
<tr><td>服务顾问提醒</td><td colspan="3">①本次检查出的故障如在本站维修，检查工费不另收取；如不在本站维修，则检查工费应由用户支付，本次检查工费为：¥______元。
②维修旧件处理：□用户要求带走 □用户选择不带。
③本站已提醒用户将车内贵重物品带离车辆并妥善保管,如有丢失恕与本站无关。</td></tr>
<tr><td>服务顾问</td><td></td><td>用户确认</td><td></td></tr>
</table>

二、故障分析与前期准备

1. 你接待了一名奥迪车主，该车在行驶过程中突然冒蓝烟、发动机无力，并且伴随着机油压力指示灯闪亮等现象。在检查机油油位、油压状况，并更换机油滤清器，确认机油泵工作正常后，发动机在工作温度下、怠速运行时机油压力指示灯依然点亮。查阅资料，说明此车可能存在哪些故障（控制电路方面）。

2. 在进行发动机润滑系统的维护保养时，需要做哪些前期准备工作?

三、润滑系统基本知识

1. 查阅相关资料，写出发动机润滑系统的主要功用。

2. 发动机润滑系统的润滑方式有哪几种? 在汽缸壁上产生油膜属于哪种润滑方式?

3. 查阅相关资料，记录我国机油的种类。

我国的机油分类法参照 ISO 分类方法。国家标准《内燃机油分类》（GB/T 28772—2012）规定，按机油的性能和使用场合不同，可将其分为：

（1）汽油机油：________、________、________、________、________、________ 6 个级别。

（2）柴油机油：________、________、________、________、________ 5 个级别。

（3）二冲程汽油机油：________、________、________和________ 4 个级别。

4. 汽油车和柴油车的机油能否通用？为什么？

5. 查阅相关资料，查找机油的主要性能，并补充对机油主要性能的描述。

性能	性能描述
	机油黏度对发动机的工作有很大的影响。黏度过小，在高温、高压下容易从摩擦表面流失，不能形成足够厚度的油膜；黏度过大，冷起动困难，机油不能被泵送到摩擦表面。机油的黏度随温度而变化，温度升高，黏度减小；温度降低，黏度增大
良好的防腐性	
	由于机油在润滑系中快速循环和飞溅，必然会产生泡沫。如果泡沫太多，或泡沫不能迅速消除，将造成摩擦表面供油不足。控制泡沫生成的方法是在机油中添加泡沫抑制剂

6. 机油的选用注意事项有哪些?

四、认识机油指示灯和机油压力传感器

1. 用彩笔在下图中画出机油指示灯的位置，并写出各机油指示灯的名称和作用。

仪表图片	名称和作用

2. 对照实训车辆、实训台的发动机润滑系统或相应的车型资料（如下图的两种车型），找到机油压力传感器（机油压力开关）的位置。

3. 参照维修手册，通过外观检查对发动机润滑系统进行全面检查，并记录润滑系统最容易泄漏的部位。

序号	部位	正常	不正常	备注
1	油底壳是否泄漏			
2	机油泵垫片是否泄漏			
3	机油散热器是否脏污			
4	缸体是否漏油			
5	机油的位置是否正常			
6	机油滤清器是否正常			
7	机油指示灯或者报警灯是否正常			

五、成果展示

1. 各小组就车指出机油指示灯和机油压力传感器的位置。

2. 上网下载一张奥迪机油指示灯控制电路图，并向其他组员分析展示。

六、总结与思考

1. 发动机常见的润滑系统有几种润滑方式？机油的性能有哪些？

2. 机油指示灯控制电路出现故障是否会造成机油指示灯闪亮？为什么？

3. 如果汽车仪表台上没有机油压力灯或机油压力表可以吗？为什么？

4. 奥迪 Q7 车型的发动机润滑系统是否有机油冷却器？

学习活动2　维修方案制订

学习目标

1. 能查阅相关资料，制订清洗和维护润滑系统的作业计划。

2. 能正确拆检发动机润滑系统零部件。

3. 能制订发动机机油灯亮故障的检测与维修方案。

4. 能在作业过程中自我检查贯彻的情况，做好过程记录。

建议学时：10学时

学习过程

一、制订故障维修方案

1. 结合润滑系统的维护要求，向客户说明清洗润滑系统和维护润滑系统的作业计划。

清洗润滑系统：

维护润滑系统：

2. 根据润滑系统维护要求，提出对润滑系统全面拆检的要求，制订润滑系统全面拆检的作业计划。

<table>
<tr><td colspan="2">汽车发动机润滑系拆检作业安全事项</td><td colspan="3">1.

2.

3.

4.</td></tr>
<tr><td rowspan="3">汽车发动润滑系的拆检</td><td>检查项目</td><td>作业要领</td><td>技术标准</td><td>检查记录</td></tr>
<tr><td>拆检工具、量具和设备的选用</td><td>1. 塞尺
2. 游标卡尺
3. 机油滤清器扳手
4. 拆装工具</td><td>1. 塞尺长度规格有 100 mm、150 mm、200 mm、300 mm 四种
2. 游标卡尺最小单位为 0.02 mm，即精确度为 0.02 mm</td><td>1. 选用的塞尺为：
2. 选用的游标卡尺为：
3. 选用的机油滤清器扳手为：
4. 拆装工具有：</td></tr>
<tr><td>润滑系的维护</td><td>1. 清洗润滑系
2. 检查机油油面高度
3. 检查机油是否变质、变色，油底壳沉积物过多或油中混入水、燃油
4. 检查机油油压、油温和油压警报指示灯
5. 检查机油滤清器是否堵塞或失效</td><td>1. 机油油面高度应在规定刻度内
2. 机油颜色应是黄色，有黏度
3. 汽油机机油压力应为196～392 kPa，柴油机机油压力应为 296～588 kPa
4. 机油滤清器的更换周期一般为每 12 000 km 更换</td><td>1. 机油油面高度为：
2. 机油颜色是：
黏度情况为：
3. 机油压力为：
4. 该机油滤清器已经使用里程为：</td></tr>
</table>

续表

<table>
<tr><th></th><th>检查项目</th><th>作业要领</th><th>技术标准</th><th>检查记录</th></tr>
<tr><td rowspan="2">汽车发动润滑系的拆检</td><td>机油滤清器的更换</td><td colspan="2">1. 先将发动机机油泄放
2. 用专用滤清扳手拆卸机油滤清器
3. 检查新机油滤清器上的螺纹和橡胶密封圈是否完好，并清洗机油滤清器安装表面，在新机油滤清器的橡胶密封圈上涂上少许机油
4. 用手将滤清器旋进橡胶密封圈被固定到滤清器座的安装表面上为止
5. 将机油滤清器扳手顺时针拧紧滤清器 7/8 圈（其外圈有 8 个均布的数字）
6. 装好放油螺钉后，加入发动机机油
7. 起动发动机，检查是否有机油渗漏，熄火后检查机油液面是否正常（液面在上、下刻度中间位置）。若不正常，添加或泄放机油</td><td>1. 机油滤清器的橡胶密封圈是否完好：
2. 是否堵塞：
3. 螺钉是否打滑：
4. 加注机油量为：</td></tr>
<tr><td>机油泵的拆卸与检修</td><td colspan="2">1. 拆下机油集滤器和油管，用塞尺检查机油泵传动齿轮齿面间隙与机油泵的轴向间隙。机油泵传动齿轮齿面间隙磨损极限为 0. 20 mm；机油泵轴向间隙磨损极限为 0. 15 mm
2. 拆下机油泵紧固螺钉，分开泵盖和泵壳，取下衬垫和被动齿轮，清洗分解后的全部零件
3. 检查油泵孔的磨损程度，螺孔是否损坏，泵壳有无裂纹。机油泵壳主动轴孔与轴的配合间隙为 0. 03 ~ 0. 075 mm，最大不得超过 0. 20 mm
4. 检查齿轮端面与上盖之间的间隙
5. 用百分表检查泵轴是否弯曲，如果指针摆差超过 0. 06 mm，应进行校正。检查主动轴与轴套孔的配合间隙，使用限度为 0. 15 mm</td><td>1. 机油泵传动齿轮齿面间隙与机油泵的轴向间隙为：
2. 螺孔是否损坏：
3. 泵壳有无裂纹：
4. 机油泵壳主动轴孔与轴的配合间隙为：</td></tr>
<tr><td colspan="2">检查与维护后的结论和体会</td><td colspan="3"></td></tr>
</table>

3．根据下图所示的奥迪车型机油指示灯的控制电路图，说明各标注的含义，并画出风扇工作时电流的流向。

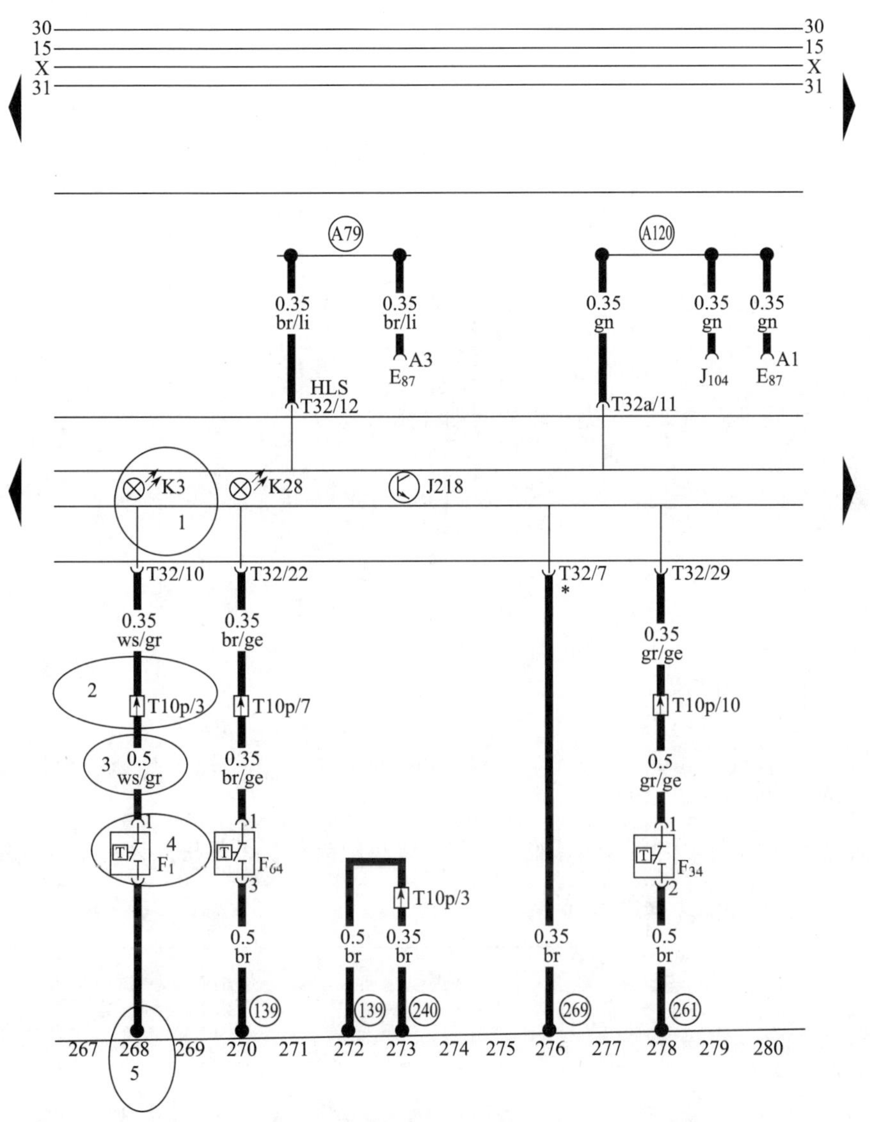

机油指示灯控制电路图

标号	含　　义
1	
2	
3	
4	
5	

4. 采用头脑风暴法，讨论并绘制发动机机油故障灯亮的故障分析鱼骨图。

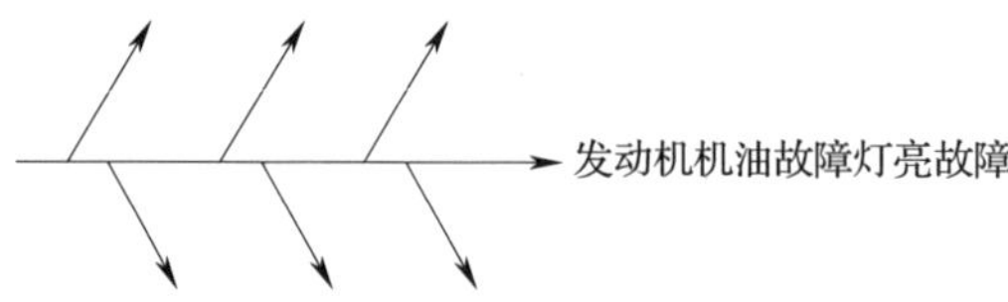

5. 制订发动机机油故障灯亮故障的检测维修方案。

二、成果展示

1. 根据实训车辆或相关资料、维修手册，以小组为单位，画出实训车机油故障灯的控制电路图，并向其他组员展示与说明。

2. 根据学习过程结果，以小组为单位，在实训车上展示故障可能发生的部位。

三、总结与思考

1．润滑系统的清洗方法和维护步骤是不是适用于所有车型？为什么？

2．机油滤清器的更换周期一般为多久？是不是所有车型都一样？为什么？

3．机油泵传动齿轮齿面间隙与机油泵的轴向间隙为多少？机油泵壳主动轴孔与轴的配合间隙为多少？

4．根据实训车辆或相关资料、维修手册，制订奥迪车型机油故障灯亮故障（控制电路方面）的检修计划。

学习活动3　故障诊断与排除

学习目标

1. 能查阅维修手册和相关资料，描述机油的更换步骤和注意事项。

2. 能根据所制订的维修方案，进行机油故障灯控制电路的检修。

3. 作业过程中遵守安全操作规范及5S管理要求。

4. 能在作业过程中自我检查贯彻的情况，做好过程记录。

建议学时：20学时

学习过程

一、故障诊断与排除方法

1. 根据前面制订的维修方案，在检查机油池油位、油压正常，更换机油滤清器并确认机油泵工作正常后，可以基本确定故障点就在机油灯控制电路。根据维修方案，实施故障排除，写出故障排除的主要步骤和注意事项。

2. 根据下表所示图片，写出相关故障的检修内容及方法。

图片	检修内容及方法

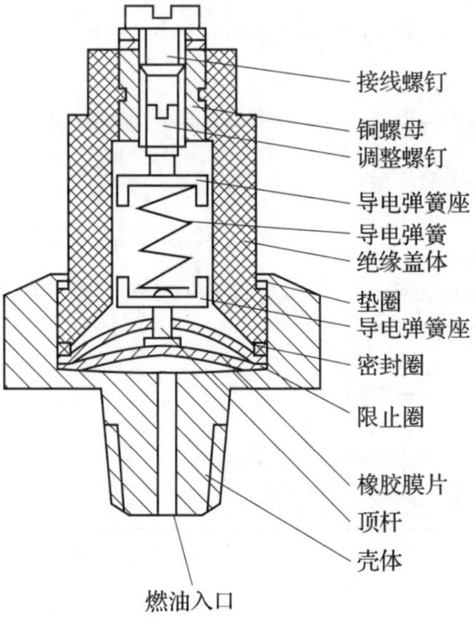 接线螺钉 铜螺母 调整螺钉 导电弹簧座 导电弹簧 绝缘盖体 垫圈 导电弹簧座 密封圈 限止圈 橡胶膜片 顶杆 壳体 燃油入口	

3. 根据下表所示机油故障灯的控制电路，识读控制电路图，测量机油压力传感器两端的电流和电压，并写出机油故障灯控制电路的检测步骤与排除方法。

（1）丰田车型机油故障灯控制电路

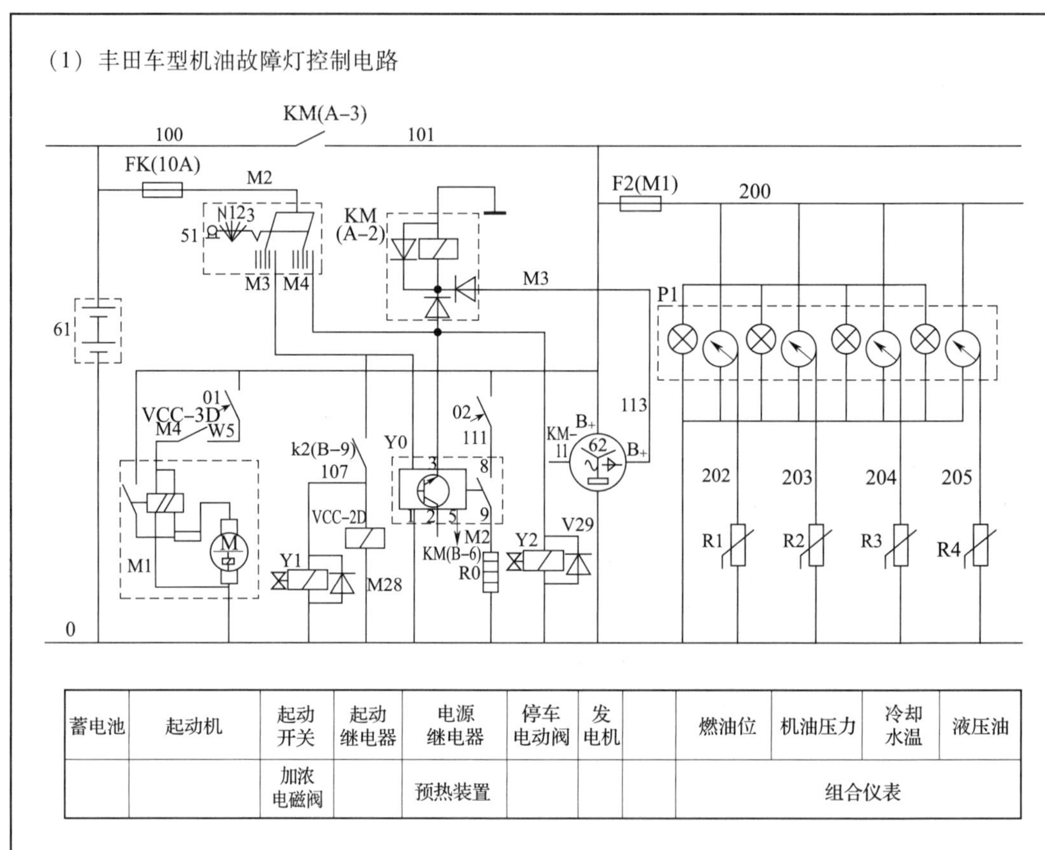

蓄电池	起动机	起动开关	起动继电器	电源继电器	停车电动阀	发电机		燃油位	机油压力	冷却水温	液压油
		加浓电磁阀		预热装置				组合仪表			

当发动机处于低速、中速、高速时分别测量机油压力传感器两端的电压、电流，电压电流值正常。

发动机转速（rpm）	机油压力（bar）	电压值（V）	电流值（mA）	功率（W）	
748	3.5	5.76		0.246	VDO 厂家给的额定值：额定值 6 ~ 24 V，最大功率 5 W
1 200	4.3	6.29	38.45		
2 340	4.9		36.85	0.240	

（2）奥迪车型机油故障灯的控制电路

续表

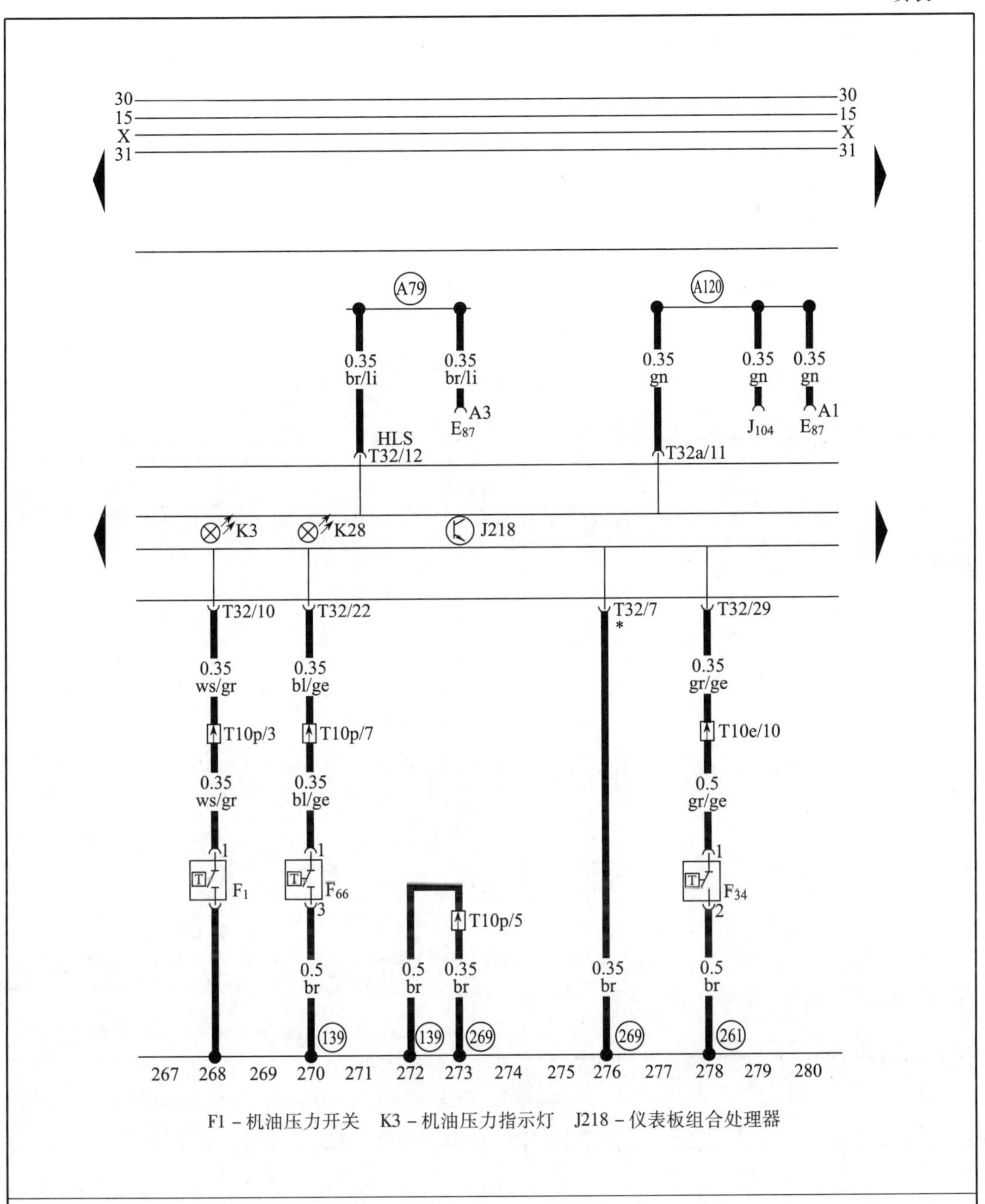

F1－机油压力开关　K3－机油压力指示灯　J218－仪表板组合处理器

识读上图，写出机油故障灯控制电路的检测步骤与排除方法：

续表

（3）根据任务实施情况对故障诊断与排除情况进行总结与反馈

4. 使用解码仪清除故障代码，恢复机油故障灯的功能。写出清除故障代码的步骤和注意事项。

5. 根据任务实施过程，写出故障诊断和排除需要使用的工具名称、规格、数量及用途。

序号	工具名称	规格	数量	用途
1	车辆			设置故障、排除故障
2	工具车			拆装用
3				检测车辆故障码
4	万用表			
5	压缩空气			
6	机油			
7	机油回收机			

6. 根据车辆检查情况，完成下表。

检查项目	评价情况	备注
系统是否有泄漏情况		
机油故障灯指示情况		
发动机是否有故障码		
机油压力传感器是否正常		
发动机数据流（机油压力）		
机油故障灯控制电路是否正常		
路试情况		

二、成果展示

1. 设计发动机机油灯亮故障的诊断与排除的工艺规范。

依据实训车辆或相关资料、维修手册，各小组设计制作一份发动机机油灯亮的故障诊断与排除工艺卡，并向其他组员展示和说明。

参考工艺卡的格式和项目如下：

工序	工艺内容及工艺技术要求	工量具	设备	消耗材料及易损件	备注
1					
2					
3					
4					
…					
…					
操作者：	日期：	校对：	日期：	指导教师：	日期：

2. 你会检查其他车型的压力传感器和控制线路吗？以小组为单位制作检查和维修方案（包含检查过程），然后在全班同学面前展示。

三、总结与思考

1. 简述发动机润滑系统的机油压力传感器和机油故障灯的检修方法。

2. 简述更换发动机机油的工作过程。

3. 发动机润滑系统机油故障灯闪亮时，汽车是否可以继续行驶？为什么？

4. 下图所示是某发动机润滑系统机油冷却器，查阅相关资料，列出几种使用机油冷却器的车型。

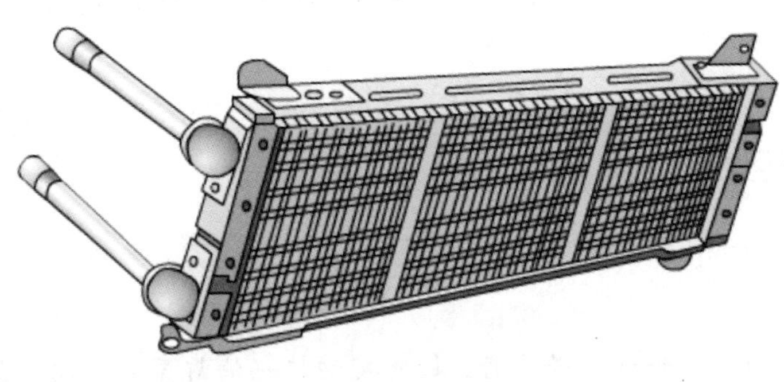

机油冷却器

学习活动4　竣工检验与评价

学习目标

1. 能查阅维修手册，检验发动机机油灯亮故障的排除情况。

2. 能以小组为单位进行故障维修成果展示。

3. 能进行自我评价与反馈，发现工作中的问题并改进。

4. 能总结和归纳排除故障过程中的宝贵经验。

建议学时：4学时

学习过程

一、检查故障排除情况

1. 按照下表内容检查故障排除情况，写出步骤、方法、验证结果及个人心得体会。

检查项目	步骤和方法	验证结果
发动机机油灯是否点亮		
发动机运转情况		
发动机加、减速情况		
发动机长时间运转情况		

续表

<table>
<tr><th colspan="2">检查项目</th><th>步骤和方法</th><th>验证结果</th></tr>
<tr><td colspan="2">路试情况</td><td></td><td></td></tr>
<tr><td>个人心得体会</td><td colspan="3"></td></tr>
<tr><td>教师评价</td><td colspan="3"></td></tr>
</table>

2. 确认故障已经排除后，写出引起该故障的可能原因。

3. 填写出厂检验单。

出厂检验单

<table>
<tr><td colspan="2">牌照号</td><td colspan="2"></td><td colspan="2">出厂日期</td><td></td><td colspan="2">业务员</td><td></td></tr>
<tr><td colspan="7">发动机部分</td><td colspan="3">传动部分</td></tr>
<tr><td colspan="2">机油压力</td><td></td><td>油液面</td><td colspan="3"></td><td rowspan="2">手动变速箱</td><td colspan="2">离合器自由行程：</td></tr>
<tr><td colspan="3">各种工况是否良好</td><td></td><td>各部有无渗漏</td><td colspan="2"></td><td colspan="2">离合器分离情况：</td></tr>
<tr><td rowspan="5">尾气排放</td><td></td><td>怠速</td><td></td><td>高速</td><td colspan="2"></td><td>自动变速箱</td><td colspan="2"></td></tr>
<tr><td>CO（%）</td><td></td><td></td><td></td><td colspan="2"></td><td colspan="3">有无渗漏：</td></tr>
<tr><td>HC（ppm）</td><td></td><td></td><td></td><td colspan="2"></td><td colspan="3">换挡情况：</td></tr>
<tr><td>氮氧化物</td><td></td><td></td><td></td><td colspan="2"></td><td colspan="2">油面情况：</td><td>油质情况：</td></tr>
<tr><td>结果</td><td></td><td></td><td></td><td colspan="2"></td><td colspan="2">传动轴胶套：</td><td>有无异响：</td></tr>
</table>

续表

系统	项目				
转向悬挂系统	方向机是否有异响：		皮套状况：		
	转向拉杆情况：				
	液压系统是否漏油		油面		
	直接行驶是否跑偏		油质		
	悬挂系统是否正常：				
	四轮定位检测记录				
		前轮		后轮	
	外倾角	左	右	左	右
	单轮束	左	右	左	右
	后倾角	左	右		
电器系统	前照灯检测记录				
	发光强度	左		右	
	光照位置	左		右	
	灯光、信号是否齐全				
	备用电设备是否正常				

系统	项目	
制动系统	制动管路有无渗漏：	
	路试情况	制动距离：　　m
		在2.5 m宽车道内跑偏情况：
		20%坡道驻车制动情况：
		有无刹车异响：
空调系统	低压：　bar	高压：　bar
	出风口温度：	有无渗漏：
	压缩机运转：	鼓风机运转：
	冷却风扇运转情况：	
检验结论：		
检验员：　　主修人：　　日期：		
用户签字：		

质量保证期：

按国家及各企业标准施行

二、总结与评价

1. 总结经验。在检查、分析、判断和故障排除过程中，是否走了弯路或有重复动作，今后排除故障时如何才能快速、准确地找到并排除故障，做到事半功倍？

项目名称	原因	改进措施
多余的步骤		
重复的动作		

续表

项目名称	原因	改进措施
遗漏的项目		
总结		

2. 合理建议。根据故障诊断与排除情况，推断车主的驾驶习惯、日常维护缺陷以及由此引起的车辆损伤情况等，向客户建议合理的使用方法和日常维护方法，并填写下表。

项目名称	不正确的操作/方法	建议
驾驶和操作		
维护和保养		
其他		

3. 填写任务评价表。

班级：　　　　　　　　　　组别：　　　　　　　　　　姓名：

项目	评价内容	评价等级（学生自评）		
		A	B	C
关键能力考核项目	遵守纪律，遵守学习场所管理规定，服从安排			
	安全意识、责任意识、5S管理意识，注重节约、节能与环保			
	学习态度积极主动，能参加实习安排的活动			
	有团队合作意识，注重沟通，能自主学习及相互协作			
	仪容仪表符合活动要求			

续表

项目	评价内容	评价等级（学生自评）		
		A	B	C
专业能力考核项目	按时按要求独立完成工作页			
	工具、设备选择得当，使用符合技术要求			
	操作规范，符合要求			
	学习准备充分、齐全			
	注重工作效率与工作质量			
小组评语及建议		组长签名： 年 月 日		
教师评语及建议		教师签名： 年 月 日		

学习任务六评价表

班级：____________　　姓名：____________　　学号：____________

<table>
<tr><th rowspan="3">项目</th><th colspan="3">自我评价</th><th colspan="3">小组评价</th><th colspan="3">教师评价</th></tr>
<tr><th>10 ~ 9</th><th>8 ~ 6</th><th>5 ~ 1</th><th>10 ~ 9</th><th>8 ~ 6</th><th>5 ~ 1</th><th>10 ~ 9</th><th>8 ~ 6</th><th>5 ~ 1</th></tr>
<tr><th colspan="3">占总评 10%</th><th colspan="3">占总评 30%</th><th colspan="3">占总评 60%</th></tr>
<tr><td>学习活动 1</td><td></td><td></td><td></td><td></td><td></td><td></td><td></td><td></td><td></td></tr>
<tr><td>学习活动 2</td><td></td><td></td><td></td><td></td><td></td><td></td><td></td><td></td><td></td></tr>
<tr><td>学习活动 3</td><td></td><td></td><td></td><td></td><td></td><td></td><td></td><td></td><td></td></tr>
<tr><td>学习活动 4</td><td></td><td></td><td></td><td></td><td></td><td></td><td></td><td></td><td></td></tr>
<tr><td>协作精神</td><td></td><td></td><td></td><td></td><td></td><td></td><td></td><td></td><td></td></tr>
<tr><td>纪律观念</td><td></td><td></td><td></td><td></td><td></td><td></td><td></td><td></td><td></td></tr>
<tr><td>表达能力</td><td></td><td></td><td></td><td></td><td></td><td></td><td></td><td></td><td></td></tr>
<tr><td>工作态度</td><td></td><td></td><td></td><td></td><td></td><td></td><td></td><td></td><td></td></tr>
<tr><td>安全意识</td><td></td><td></td><td></td><td></td><td></td><td></td><td></td><td></td><td></td></tr>
<tr><td>任务总体表现</td><td></td><td></td><td></td><td></td><td></td><td></td><td></td><td></td><td></td></tr>
<tr><td>小计</td><td colspan="3"></td><td colspan="3"></td><td colspan="3"></td></tr>
<tr><td>总评</td><td colspan="9"></td></tr>
</table>

任课教师：________　　年　　月　　日